KB093165

덫에 걸린 유럽

학자이자 유럽 시민인
지그문트 바우만에게 바친다

Europe Entrapped

This Korean language Edition is published by arrangement with Polity Press Ltd., Cambridge, U.K. through Paul Kim Agency, Paju, Korea.

EUROPE ENTRAPPED

덫에 걸린 유럽

유럽연합, 이중의 덫에 빠지다

클라우스 오페 지음 **신해경** 옮김

아마존의 나비

덫에 걸린 유럽

발행일 | 2015년 7월 20일 초판 1쇄 발행

지은이 | 클라우스 오페
옮긴이 | 신해경
펴낸곳 | 아마존의 나비
펴낸이 | 오성준

등록 | 2014년 11월 19일 (제25100-2015-000037호)
주소 | 서울특별시 서대문구 연희로 77-12 505호 (연희동, 영화빌딩)
전화 | 02-3144-3871~2 **팩스** | 02-3144-3870
이메일 | osjun@chaosbook.co.kr

디자인 | 디자인콤마
인쇄처 | 이산문화사
ISBN | 979-11-954108-4-2 93340
정가 | 13,000원

아마존의 나비는 카오스북의 임프린트입니다.

차례

약자

CEE	중동부 유럽(Central and Eastern Europe)
EC	유럽이사회(European Council)
ECB	유럽중앙은행(European Central Bank)
ECJ	유럽사법재판소(European Court of Justice)
EP	유럽의회(European Parliament)
EMU	경제통화동맹(Economic and Monetary Union)
ESM	유럽안정화기구, 유럽 사회적 모델 (European Stability Mechanism, European Social Model)
FED	연방준비제도(Federal Reserve System)
GDP	국내총생산(Gross Domestic Product)
IMF	국제통화기금(International Monetary Fund)
MENA	중동과 북아프리카(Middle East and North Africa)
NATO	북대서양조약기구(North Atlantic Treaty Organization)

OMT	전면적 통화 거래(Outright Monetary Transactions)*
PIIGS	포르투갈, 이탈리아, 아일랜드, 그리스, 스페인 (Portugal, Italy, Ireland, Greece, Spain)
R&D	연구개발(Research and Development)
TEU	유럽연합 조약, 일명 마스트리히트 조약 (Treaty on European Union)
TFEU	유럽연합 기능에 관한 조약 (Treaty on the Functioning of the European Union)
UNSC	유엔 안전보장이사회(United Nations Security Council)

* 유럽 중앙은행이 2012년에 새로이 발표한 유로존(유로화를 사용하는 17개국) 국채 매입 프로그램

머리말

지금 당장만 보면 유로는 유럽 대륙에 한정된 문제다. 불안정한 유로와 그 불안정성이 야기한 위기는 유로존 안팎에서 열띤 논쟁을 불러왔다. 그러므로 이 책은 유로존과 유럽연합에 속한 국가와 사회에 유로가 어떤 소란을 일으켰는지 이해하고자 하는 '유럽대륙 중심의' 소책자이다. 이 책은 유로가 불러 온 덫에 갇혀버린 유럽인들을 해방시킬 정치세력이나 번득이는 계책, 충분한 변통 능력을 가진 대리자가 있는가라는 '행위주체성'의 문제를 제기한다. 저자에게 가장 익숙한 유럽연합 회원국이 독일이기는 하지만, 문제를 분석해가는 과정에서 독일을 특별히 주목하는 이유가 익숙하기 때문만은 아니라는 얘기다. 이 책은 2013년《유럽법률저널》에 실린 같은 제목의 원고를 기반으로 삼아 새로 다듬은 것이다. 그 원고를 지금의 분량으로 확장해 보라고 누구보다 열심히 채근했던 사람이 동료인 존 톰슨이었다.

이 책에 제시된 분석 내용의 많은 부분이 알베나 아즈마노바, 안젤로 볼라피, 하우케 브룬코르슈트, 알레산드로 카발리, 마누엘 카스텔스, 슈페판 콜리그논, 히리스토프 도이치만, 헨리크 엔데를라인, 게르트 그뢰칭거, 울리케 귀로트, 히리스티안 외르게스, 위르겐 하버마스, 안케 하셀, 오토 칼셰아우어, 알렉젠더 E. 켄티클레니스, 이반 크러스테프, 아우구스틴 E. 메넨데스, 울리히 프로이스, 프리츠 샤르프, 볼프강 스트레크, 존 톰슨, 루츠 빙게르트, 조너선 화이트 등의 연구(와 서면으로 보내준 의견뿐만 아니라 심심찮게 있었던 논쟁)에 힘입은 바 크다.

들어가는 글

유럽연합이 이대로 계속될 수 없다는 건 누가 봐도 명백한 현상現狀이다. 다른 말로 하자면 유럽연합은 지금의 '계속되는 위기'보다 현저히 나은 어떤 상태와 상당히 나쁜 어떤 상태로 갈라지는 기로에 서 있다. 이 정도는 유럽 안팎의 세상이 다 아는 바다. 그러니 이 위기, 금융시장 위기와 국가부채 위기, 경제/고용 위기, EU의 제도적 위기, EU의 유로존과 EU의 질적 민주주의 위기 등등이 누적된 결과물인 지금의 위기가 전례를 찾아볼 수 없을 만큼 지극히 위험한 위기이며 극도로 복잡하고 불확실한 무서운 위기라고 믿는 사람이 나만은 아닐 것이다.

EU의 제도를 대대적으로 정비하여 이 사태를 빨리 해결하지 않는다면(하지만 '우리가 줄지어 일어나는 사건들의 시작점에 있는지, 중간 지점에 있는지, 아니면 종착점에 있는지' 확실히 말할 수 있는 사람이 없는 것처럼, 얼마나 빠른 게 '적절히 빠른' 것인지 아는 사람은 아무도 없다)[1], 유럽 주변부 국가들이 이미 겪고 있는 막대한 사회적 고통은 말할 것도 없고, 유럽통합이라는 정치적 프로젝트와 전 세계의 경제가 모두 심하게 고통 받게 될 것이다.

무엇을 해야 할까? 이 질문을 다룬 학술 저작물이나 정책 보고서, 보도물은 제법 많다. 이런 글들은 종종 '유럽통합, 되돌아갈 것인가 나아갈 것'인가와 같은 제목을 달고 위기에서 탈출할 수 있는 대안적 방법을 두어 가지 제시한 다음 저마다 추정한 실현 가능성과 바람직함의 척도에 따라 그 방안에 순위를 매긴다.[2] 그러나 위기가 다면적이라는 진단에 더 이상 논란의 여지가 없고 '앞으로' 대 '뒤로'라는 공간적 비유가 전략을 설명하기 위해 자주 사용되는 장치이기는 하지만 두 번째 문제에 비하면 그다지 중요한 문제가 아니다.

---

1 존 톰슨, 2012, 61쪽. 기드온 래치먼(2014)은 최근의 그리스 예산과 융자 데이터를 근거로 위기가 끝났다고 자축하는 사람들도 있는 반면, 이름을 밝히지 않은 "유럽에서 가장 큰 영향력을 미치는 한 경제정책 담당자는 유로 위기가 정말로 끝났는가라는 질문에 '아니다. 위기는 주변부에서 핵심으로 이동하고 있을 뿐이며 이탈리아와 심지어 프랑스에 대한 우려도 실제로 커지고 있는 상황'이라고 대답했다"라고 보도했다.

2 플라처, 2014.

두 번째 문제란, 이 위기가 결국 위기를 극복하고 재발을 막을 전략과 변화를 만들어낼 건설적인 치유력이나 힘의 원천 자체를 대부분 마비시키거나 침묵하게 만들었다는 점이다. 마르크스주의 분석가들이나 그에 못지않게 자신감에 충만한 기술관료들이 주장했던 바와는 반대로, 위기는 위기를 극복해낼 바로 그 힘들을 길러내기는커녕 마비시킨다. 위기가 학습 기제와 복원력을 가동시키기보다는 대리자를 무력화시키기 때문일 것이다.

지금의 위기는 위기관리자나 변화의 대리자가 될 가능성을 가지고 있는 세력들을 비활성화시켜왔다. 경제 회복을 향한 희망과 (예를 들어, 유럽민주연방공화국 같은)전망, 또는 국가주의로 회귀하자는 요구는 많은 반면, 유럽을 바람직하고 지속가능한, 위기 이후의 미래로 추동해갈 전략을 짜고 실행하기에 적법한 주체는 누구인지, 하다못해 그런 임시변통 능력이라도 있는 주체는 누구인지, 그 주체는 또 어떤 종류의 규칙과 절차를 따라야 하는지는 어디서도 두루 동의를 얻을 수 있는 만한 답을 찾아볼 수 없다.

혹자는 (내가 1970년에 쓴 글에서 언급한 대로) '위기관리의 위기'[3]라는 말을 할지도 모르겠다. 우리가 '해야 할 일이 무엇인가' 라는 질문에 답을 도출해낸다 하더라도 '누가 그 일을 할 것인가?'라는 더 곤란한 두 번째 질문에 부닥치는 셈이다. 무엇이 바람직한 전략적 목표인지를 논하는 일도 그 일을 실제로 수행할 의지와 능력이 있는 주체를 짚어내지 못하고서야 도움이 되지 않는다.

두 번째 질문에 대한 답을 가지고 있지 않다는 점에서 우리는 위기의 한가운데에 있을 뿐만 아니라 설상가상으로 덫에 갇힌 채다. 덫이란 그 안에 갇힌 사람들에게는 그 자체로 고통스럽고 견딜 수 없는 조건이면서 동시에 움직이는 능력을 빼앗기고, 탈출경로는 막힌 데다 덫을 풀려는 대리자의 힘은 약하고 불명확한 조건으로 정의될 수 있다. 주역들은 장애물들이 가득한 무대 위로 아직 오르지도 않았다.

'우리 모두'가 수동적으로 '어떤 것'으로부터 영향을 받고 있을 때는 어떠한 대리인에게 정당한 권력을 부여하더라도 그 '어떤 것'을 능동적으로 조정하면서 관리할 수 없다. 인과 관계의 지평

---

3 오페, 1976.

과 통제의 지평 사이에 놓인 이 간극이 유로존 회원국들에게 적용될 때는 더 특별한 설득력을 갖는다. 회원국들은 (더 이상 국가별 통화가 없으므로) 각자의 국가별 통화를 관리할 수 있는 권한을 박탈당했음에도 모든 회원국들이 받아들일 수 있는 형태로 금융부문의 힘을 제어하며 상호의존적일 수밖에 없는 상황을 관리할 수 있는 통치능력을 집단적으로도 구축하지 못했다.

사회학적으로 말하면 기능적 통합 범위가 사회적 통합 범위보다 훨씬 넓거나, 우리가 수동적으로 영향을 받는 어떤 것이 우리가 행동할 수 있는 집단적 역량 위에 있다는 말이다. 이것이 이 책이 (전적으로는 아니지만) 대체로 부정적인 용어들을 써서 답하고자 하는 대리자에 관한 질문이다. 앞으로 설명하겠지만, 저 두 번째 질문에 대해서는 한다고 해봐야 그럴듯한 답이 되지 못할 게 확실한 여러 대리자들이 이미 있다. 그중에는 유럽중앙은행ECB이나 유럽이사회, 독일 정부, 국가 중심으로 회귀한 유럽연합의 회원국 정부들, 유럽통합 반대 운동에 나선 세력들, EU 집행위원회의 기술관료들이 있다.

이 위기가 심각한 건 하나의 핵심적인 모순이 있기 때문이다. 한마디로 말하면, 서로 대립하는 여러 정치적 성향과 전략들마다 시급하게 해결할 필요가 있는 일은 역시 극도로 인기가 없어서 EU는 말할 것도 없이 회원국들 안에서도 사실상 민주적으로는 실행되기가 불가능하다는 점이다. 꼭 해야 할 일, 그리고 모두가 '원칙적으로' 동의하는 일(말하자면 부담과 책임을 나눠 EU 안에 재배치하는 모종의 조치)은 '핵심'과 '주변부' 회원국 유권자들 모두에게 '먹히질' 않는다.

무엇보다 '설득'을 해야 할 정당들이 여전히 대부분 국가 단위의 권력을 추구하는 조직들이다 보니, 누구보다 먼저 국경을 뛰어넘는 신뢰 관계를 조성하고 공감대를 형성하면서 정치적 성향을 만들어야 하는 과제는 회피하고, 유권자들의 '정해진' (추정)성향에 반응하는 실증적 기회주의에 이끌린다. 정당들이 설득과 논쟁을 통해 정치적 선호를 조성하기 위해서는 널리 퍼진 공포와 혐오, 의심, 피해자 비난 경향, 국가주의 프레임 유행 등을 극복할 수 있는 능력이 필요하다.

전형적으로 정당들이 제대로 대처하지 못하는 대중적 태도들 중 하나가 바로, 만약 '우리'가 '저들'을 위해 희생한다면 '저들'은 '우리'의 관대함을 이용해 '우리'를 부당하게 이용해먹는 기회로 삼을 것이라는 의심이다. 짧게 말해서, '저들'은 경제학자들이 '도덕적 해이'라 부르는 이기적이고 경박한 종류의 행위에 가담하고 있는 것처럼 묘사된다. 정당들이 극복하는 데 실패한 또 다른 유권자 대중의 인지적 편견 하나는 문제는 '저들'에 의해 야기된 '저들의' 문제이지 '우리 모두'의 문제가 아니라는 인식이다.

공감대를 형성할 수 있는 제도적 기제가 빈곤한 탓에 돈이 아니라 공감대와 정치적 지지가 변수로 작용하는 병목지점이 되었다. 경제 영역에서 해야 할 '필요가' 있는 일들과 중요한 정치 주체들이 정치적으로 실현할 수 있다고 판단하는 일들 간의 불일치는 요즘 뭔가의 징후가 아닌가 싶을 만큼 심심찮게 터져 나오는 '통치불능'* 상태에서 최고점에 달한다. 이런 현상은 유럽 핵심과 주변부 간에 생겨나 점점 깊어져 가는 분리선 양쪽 모두에 해당된다. 그러나 이번 위기를 막는 데 실패한 결과로 유로존이 쪼개진다면, EU도 그 뒤를 따를 가능성이 매우 높다. 나는 메르켈 총리의 말이 옳다고 생각한다. 비록 지금에 와서는 그 못

---

* 통치불능(Ungovernability)은 공공행정의 효율성이 급격하게 떨어지고 행정의 민주성과 정당성마저 의심받는 상황에 이르러 정부가 효과적으로 국가를 통제할 수 없는 상태를 말한다. — 옮긴이

지않게 명백해진 사실, 즉 유럽연합이 무너지도록 위협하고 있는 건 바로 거친데다 제도적으로 안착하지 못한 유럽경제통화동맹과 유로의 역학 그 자체라는 말을 빼먹었지만 말이다.

제 1 장

민주자본주의와 유럽연합

국가사회주의가 소멸한 지 25년, EU 확장과 통합의 역사는 지금껏 유래가 없었던 심각한 위기를 동반한 채 사회학과 정치학에서는 고전적이라 할 만한, '민주주의 국가는 자본주의 시장경제와 어떻게 소통하는가'라는 질문을 재고하라는 과제를 제시했다. 2차 세계대전 이후에 구축된 '사회적' 시장경제*가 한때 달성했다고 여겼던 제도적 균형은 어떻게 붕괴되었고, 어떻게 하면 유럽적 단위, 다시 말해 EU라는 독특한 유형의 초국가적 정치기구에서 조금이나마 다시 회복될 수 있을까?

---

* 사회적 시장경제(Soziale Marktwirtschaft)는 독일 기독교민주연합이 채택한 경제 노선으로 시장경제에 따른 자유경쟁을 지향하지만 사회적 질서를 구축하고 유지하는 데는 국가의 개입이 필요하다는 입장을 견지한다. 초대 독일연방공화국 총리인 콘라트 아데나우어와 경제부장관 루트비히 에르하르트의 주도로 전후 독일의 경제정책을 이끄는 기본 노선으로 자리를 잡았으며 독일 특유의 경제 구조와 문화를 만들고 개혁과 발전을 일으키는 데에 큰 역할을 했다. 사상적으로는 양차 대전 사이에 정립된 경제학파의 하나인 프라이부르크 학파에 기원을 두고 있으며, 주요 학자는 발터 오이켄이다. — 옮긴이

국가사회주의가 소멸하자 EU는 동쪽을 향해 여태 끝나지 않은 확장 작업을 진행했고, 13개국이나 되는 신입 회원들이(지중해의 섬나라 2개국 외에는 모두가 탈공산주의 국가) 유럽연합 조약과 유럽법의 보호막 안으로 들어왔다. 지금까지 공산주의를 거쳐 체제를 전환한 국가들 중 4개국이 유로존에 합류했고, 나머지 국가들도 중단기적 미래에 그 뒤를 따르기로 되어 있다. 이들 국가가 수행하고 있는 경제적 전환이란 국가사회주의 '통제경제'에서 민주자본주의 시장경제로 전환하는, 역사적으로 희귀한 사례다. 그러나 '국가'와 시장'을 대립시켜 놓고 둘 중 하나를 선택하는 식으로 개념을 구분하는 탓에 내가 보기에는 탈공산주의 경제체제 전환뿐 아니라 유럽통합을 고민할 때에도 적용될 수 있는 '보편타당한 조건은 무엇인가?'라는 질문이 외려 흐릿해져 버렸다. 자본주의 경제가 작동하는 양식으로서의 시장은 한편으로 보자면 국가와 국가적 관행들과는 정반대되는 것이지만, 다른 한편으로 보자면 그 자체가 국가 정책의 피조물로서 국가 정책에 의해 끊임없이 재창조되는 존재다. 하이에크*가 제시한 유명한 구분법에 따르면, '통제경제'는 임의적으로 수립되고 강제적으로 적용되는 모종의 인공적인 긍정적 질서를 뜻하는 탁시스táxis에 기초한다. 이와 대조적으로 코스모스Kósmos는 일종의 사회질서, 즉 인간의 계획과 의도, 심지어 이해능력마저도 초월하여 작동하는 진화적 힘에서 생겨나는 시장으로 개념화되었다.

1970년대 말, 신자유주의 교리가 북대서양 양쪽의 경제 및 정치 사상계를 지배하기 시작한 이래로 탁시스 대 코스모스, 국가 대 시장, '인위적인' 대 '자연스러운', 임의적 강제 대 자유라는 양자택일적 대립 구조가 패권을 휘두르는 지적 틀로 자리 잡았다는 데는 의심의 여지가 없다. 그러나 방금 언급한 국가사회주의 이후의 경제적 전환과 EU 통합이라는 두 가지 경우는 시장 자체가 소위 '자연스러운' 진화나 아주 '정상적인' 상태가 빚어낸 결과가 아니라, 강제적으로 적용된 정치적 기획과 의사결정의 산물이라는 사실을 증명해주는 완벽한 경험적 실례다. 자본주의 사

---

* 프리드리히 하이에크(Friedrich Hayek, 1899~1992)는 오스트리아에서 태어나 영국에서 활동한 경제학자이자 정치철학자다. 서구 복지국가 정책을 뒷받침하고 있던 케인스 이론에 대항하여 자유민주주의 이론과 자유시장 경제 체제를 옹호하였고, 20세기 후반에 주류 경제학으로 등장하는 신자유주의의 사상적 아버지로 추앙받고 있다. 최근 들어서는 신자유주의적 시각이 아니라 보다 폭넓은 시각으로 하이에크의 사상을 종합적으로 평가하고자 하는 움직임이 일고 있다. 1974년에 화폐와 경기 변동에 관한 연구로 사상적 라이벌인 스웨덴 경제학자 군나르 뮈르달과 함께 노벨 경제학상을 수상했다. — 옮긴이

회를 구성하는 다른 제도들과 마찬가지로 시장도 신원을 확인할 수 있는 행위자들에 의해 특정 시간과 특정 공간에 만들어지고 작동하도록 허용된다. 어떤 경우에도 시장은 '주어지지도', 그냥 자연적으로 '생겨나지도' 않는다. 이 전제를 받아들인다면, 이제 필요한 것은 하이에크적인 개념 구조를 재구성하고 몇 가지 항목을 추가하여 그림을 완성시키는 일이다. 간략하게 네 가지 요점을 짚어보자.

첫째, 두 정치경제 유형 간의 차이를 반드시 다시 짚어봐야 하는데, (하이에크 식으로 보자면 전형적인 탁시스 사례인) 국가사회주의 유형의 체제는 집단소유와 계획, 명령, 통제 수단을 통해, 그리고 모종의 '사회정의' 개념을 참조하여 경제를 움직인다. 이런 '사회정의' 개념은 규범규칙들로 구체화되고, 이 규범규칙들[4]은 반드시 준수해야 할 긍정적 의무 조항을 만든다. 이와 대조적으로 자본주의 국가들은 이윤을 추구하는 합리적인 경영자들이 자발적으로 자기조정을 할 수 있도록 무대를 마련

4 하이에크 사상에서 규범 규칙과 금지 규칙 간 구분은 본질적인 것인데, 그는 시장경제가 규범 규칙을 전혀 사용하지 않고 전적으로 금지 규칙에만 의존한다고 (내가 보기에는 잘못)생각했다.

하는데, 다른 말로 하자면 그저 부정적인 법률적 의무들을 만들어내는 규칙들을 금지함으로써 시장 참여자들이 각자 추구하고자 하는 이익에 맞게, 역시 사적인 이익을 추구하는 타인들과 경쟁적으로 상호작용하며 각자가 합법적으로 소유하고 있는 자원을 처분할 수 있는 자유를 부여하여 경제를 움직인다. 이런 자유주의 견해의 개념적 토대와는 반대로, 자본주의 시장경제란 (자본주의)국가와 자본주의를 추종하는 사회세력들이 사유재산과 시장의 자유, 이익 추구라는 조직화된 장치를 이용하여 국가경제를 좌우하려고 도모하는 성공적인 정치적 기획에서 도출된다고 이해하는 편이 진실에 더 가까울 것이다.[5] 어떤 독재 정당의 계획기구가 경제행위들을 계획하고 강제적으로 사회적 자원을 처분하는 것이나 마찬가지로, 시장의 '자연발생'이란 그 자체가 조직되고, 허가되고, 규제되고, 정치적으로 동원된다고 말할 수 있을 것이다. 구매자와 판매자 사이에 첫 시장 교환이 일어나고 그 교환이 일상적인 일이 되기 전에 적어도 세 가지, 즉 소유권과 강제 장치를 동반한 계약권, 시장 참여자들이 상업적

---

5 알베르트 히르슈만, 1977.

교환을 할 수 있도록 해주는 통화를 이미 제도화해 놓은 국가가 먼저 있어야 한다는 사실을 깨닫는다면, 자본주의에 있어 국가 기관들이 가지는 구성적 역할이 명백해질 것이다. 이 셋 중 어느 것도 '부정적' 규칙 또는 금지 규칙만 가지고는 수립될 수 없다.

일반적으로 말해서, '자유'시장 참여자들이 각자의 이익을 추구하는 과정에서 취하는 모든 움직임들은 정치적 계획들과 법률 조항에 의해 허가되고, 위임되고, 규제되고, 권장되고, 보증되고, 보조되고, 보호되고, 법적으로 공인되는 등등의 과정을 거친 것들이며, 그런 움직임들을 취할 수 있는 기회들은 마찬가지로 시장에 관련된 국가적 결정, 예컨대 무역정책과 사회기반시설 제공, 토지 사용에 관한 법률들, 학교, 연구소, 재판소 등등에 의해 제공된다.[6] 다시 말하지만, 우리는 자본주의 시장 사회가 정치경제, 또는 국가가 나서 경제적 상호작용을 조율하는 사회라는 점을 명심해야 한다. 간단하게 말해서, 폴라니[7]가 확언했듯이 (인위적으로 계획된 것이 아니라 자발적으로 생긴 시장이

6 스티븐 홈즈와 캐스 선스타인, 1999.

7 칼 폴라니, 2001[1944].

저마다의 이익을 추구하는 행위자들의 행위를 조정한다는 하이에크적 개념의)코스모스는 탁시스의 반대가 아니라, 임의적인 계획 기구들이 가지는 권력과는 대조적으로 모종의 정치적 기구가 소유권자들의 자유를 얽매는 족쇄를 풀어 조정하는, 탁시스의 특수한 하위 사례다.

내가 지적하고자 하는 두 번째 요점은, 아담 스미스도 이미 잘 알고 있었듯이 시장과 시장 경쟁이 본질적으로 자기 파괴적이라는 점이다. 시장 경쟁은 언제나 패자를 양산해내고 승자가 이익을 볼 수 있는 여지마저도 제약하기 때문에, 시장 참여자들 사이에는 카르텔과 독점을 형성하여 경쟁의 강도를 제한하고 그 충격을 회피하는 동시에, 잠재적 경쟁자들이 시장에 접근하지 못하도록 막고자 하는 이해관계가 팽배해진다. 또한, 유일하게 합법적인 두 가지 방식의 경쟁, 즉 저가 경쟁과 (참신함을 포함한)고품질 경쟁 이외의 (개인적인 저작권 침해에서부터 국가 간 전쟁에 이르는 폭력적인 대립 관계 같은)다른 '경쟁' 방식에 의지하려는 경향 또한 만연하게 된다. 보호무역을 허가하거나 다른 특권들을 승인하는 정책을 세우도록 국가에 압력을 행사하는 방식으로도 위에서 말한 유일하게 '문명화된' 두 가지 경쟁 방식을 우회할 수 있다. 게다가 일단 경쟁 상황에 처했다고 판단한 시장 참여자들은 국가 당국이 공짜 아니면 원가 이하로 제공하는, 예컨대 사회기반시설이나 무조건적인 보조금 같은 '공짜' 재화를 얻으려하고, 부정적인 영향을 받은 이들에게 보상도 하지 않은 채 비용(예를 들자면, 환경 파괴, 노동자들의 고용 불안정 위험)을 외부화하려 시도할 가능성도 충분하다. 시장 교환이 온갖 종류의 부정적 외부효과를 초래하고는 보상도 받지 못한 타인에게 문제를 떠넘긴다는 사실은 널리 알려져 있다. 잠재적 경쟁자들이 시장에 접근하지 못하도록 막고, 비용을 부담하지 않으면서 투입되는 생산자원을 흡수하고, 보상하지 않으면서 부정적 외부효과를 유발한다는 세 가지 방향 모두에서 시장은 위에서 제시한 법률이나 통화 등의 전제조건들처럼 이미 앞서서 존재하는 비시장 관계들에 의존할 뿐만 아니라, 합리적인 시장 참여자들로 하여금 시장의 구조를 조종하고, '공짜' 자원을 뽑아내고, 제3자를 희생시켜 얻어낸 비용 절감을 통해 경쟁 압박에 대처하여 이윤을 발생시키도록 유도한다.

무얼 보더라도 '공정한' 시장 경쟁이란 것은 설사 한 번 정착됐다 하더라도 저절로 굴러가고 저절로 유지되는 것과는 한참

거리가 멀다. 시장이 계속해서 경쟁 상태를 유지하려면 상시적인 감시감독이 필요하다. 경쟁을 회피하거나 막고, '공짜' 투입 자원을 전용하고, 사회적 비용을 외부화하려는 시장 참여자들의 전략을 판단하고 판결하는 일은 공공정책 영역의 모든 층위에서 지속적으로 논의되는 관심사이며, 절대 끝나지 않는 그 감시와 경쟁 강화 업무를 EU에서는 EU집행위원회 경쟁분과 위원들이 담당하고 있다. 시장은 저절로 유지되기는커녕 국가의 경제 정책들을 써서 배양하고 관리할 필요가 있는, 아주 허약한 장치다. 국가의 경제 정책들은 두 가지 목표 사이에서 갈팡질팡하는 경향이 있다. 국민경제와 국가라는 경계 안에서 볼 때, 경제 정책들은 한편으로 투자자들을 끌어올 수 있는 수익성 있는 사업을 조성하자는 목표를 추구하는데, 그렇게 함으로써 나라의 번영을 촉진하고 고용을 창출하며 포지티브섬positive-sum 분배를 통해 사회 분쟁을 해소하고 모든 정책의 수립과 시행을 떠받치는 과세 기반을 마련할 수 있다고 기대하기 때문이다. 다른 한편으로 정책수립자들은 (경쟁 제한이 독점을 통한 초과 이윤 착취를 수반하고 '효율성'을 침해하기 때문에)경쟁을 제한하려는 투자자들의 움직임들을 방해하고, '공짜' 투입 자원을 향유하는 대가로 사용료와 세금을 부과하며, 특정 종류의 부정적 외부 효과를 유발하지 못하도록 방지에 노력을 기울인다. 바로 이 지점에서 국가 간 '자유무역'이라는 규범적 이론이 중요해진다.[8] 그러므로 누구에게 접근을 허용할 것인지, 시장과 시장 경쟁에서 실제로 어떤 일이 일어나도록 허가하거나 말 것인지 결정하는 일은 전적으로 정책과 정치적 타협의 문제다. 짧게 말해, 시장은 국가 정책에 의해 마련되고 형성된다.

내가 여기서 사용하고 있는 정치경제 모델의 세 번째 특징은 자본주의 시장 사회에서 경제 행위들을 촉발하는 주요 행위자인 투자자와 고용주가 시장 경쟁뿐만 아니라 시장경제에 대한 관리체계를 구성하고 관리를 시행하는, 복지국가에 대한 합의와 정책까지를 포함하는 '질서'[9]의 정치적 골격에 대해서도 끊임없이 파괴적으로 작용한다는 사실이다. 일반적으로 시장 행위자들은, 특히 투자자들과 고용주들은 일종의 상위 경쟁관리자이자 시장이 원활하게 돌아가도록 보살피는 조정자인 국가에

8 다니 로드리크, 2011.

9 볼프강 스트레크, 2009.

집단적으로는 의존하면서도, 여전히 개별적으로는 시장을 '왜곡'하고 '간섭'하거나 이윤 및 예상되는 소득에 '과도하게 과세'하는 국가 정책에 대체로 반대하는 입장을 취한다. 시장 자체와 시장의 작동 방식이 공공정책의 산물인데도 기업자본의 핵심 행위자들과 신자유주의 신봉자들은 민주적 정치의 '과도한' 개입으로부터 시장을 분리해내지 못해 안달이다. 이들이 가진 여러 불만들은 정부가 시장에 개입하는 두 가지 방식에 주로 집중된다. '비생산적'이고 '비효율적'이라서 '시장의 힘'을 왜곡하고 방해한다고 얘기되는 과세와 규제가 바로 그것이다. 단순하게 말하자면, 시장을 형성하고 규제하는 국가와 국가정책들은 자본주의 행위자들의 이해관계를 대표하고 관리하면서도 그들의 이해관계들을 관리해주는 '관리위원회'로 인식되고 받아들여지기는 커녕 되레 잦은 의심과 정치적 반대에 부딪치곤 한다.

EU 민주자본주의에 대한 이 압축적이고도 간략한 설명의 네 번째 요점이 등장하는 지점이 바로 이 부분이다. 국민국가와 그 민주적 통치조직의 경계 안에서 투자자와 고용주들이 자신들의 이해관계와 상충한다고 생각하는 과세와 규제 방식에 효과적으로 저항할 수 있는 가능성은 제한되어 있다. 자본이 정치적 통제를 벗어날 기회를 얻는 데는 네 가지 경제적 자유*가 보장되고 시장이 통합되어 공통의 규제 규정, 공통통화가 적용되는 EU 단위가 훨씬 유리하다. 통합된 유럽은 투자자와 고용주들이 '탈출'이라는 수를 통해 경제적 권력을 행사할 수 있는 기회를 크게 확대했다. 그들은 협상과 요구 전달, 약속, 위협, 경고 등등을 통해 우세해지는 힘인 '발언력'을 이용하여 투자와 고용을 EU '어딘가'로 이전했을 때에 발생할 수 있는 부정적인 결과(예컨대, 재정 손실)를 놓고 회원국의 정책수립자들과 맞설 수 있게 되었다. 분명 투자자 전체에 해당되는 말은 아니겠지만, 주요 투자자들과 시장자유주의 경제정책 수립자들의 관점에서 보자면 전 유럽을 포괄하는 정치경제체제는 국민국가에 한정된 경제체제에 비해 네 가지 부분에서 상당한 이점을 보장해준다.

하나, 시장 규모가 확대되고 거래비용이 감소하는 걸 고려하면, 규모의 경제에 기초한 경쟁우위를 기대할 수 있다.

---

* 유럽연합을 떠받치는 기본적인 원칙으로 보통 '네 가지 자유'라 불린다. '상품 이동의 자유', '노동자 이주의 자유', '사업체를 설립하고 용역을 제공할 자유', '자본 이동의 자유'를 말한다. — 옮긴이

둘, 상품 기준과 소비자 및 노동자, 자연환경, 기타 등등의 보호에 대한 규정을 수만 쪽에 이르는 법률 문서로 성문화해 놓았으니 EU 차원의 규제가 없을 리는 없지만, 투자자들 관점에서 봤을 때는 EU가 포괄하는 모든 시장, 모든 행위자들에게 단일한 규제 방식이 일률적으로 적용되므로 국가마다 고려해야 했던 왜곡과 보호주의 장벽이 제거된다는 점에서 유리하다. 시장 규제가 철폐되지는 않았지만, 규제는 비정치화된 셈이다.

셋, EU가 선거로 뽑힌 책임 있는 정부와 예산 승인 권리를 가진 의회가 있는 민주적 통치기구가 아니기 때문에 회원국들의 정치 주권이 상당히 축소되는데, 재계의 이해관계에 반하는 규제와 계획이 초국가 단위에서 채택될 가능성 또한 상당히 축소된다.

넷, 열린 국경 덕분에 자본과 노동, 재화와 용역의 이동성이 커지면서 회원국들 사이의 대립관계 또는 정치적 경쟁관계가 공고해지는데, 이런 상황은 회원국 각국 정부뿐만 아니라 전국 단위 노동조합들에게까지 투자자들을 쫓아낼 위험(또는 '고용 부적격자' 및 미숙련 이주노동자의 유입을 유도할 위험)이 있는 세율 인상이나 인건비 및 사회지출 확대와 같은 정치적 요구나 조치, 법안을 자제하라는 지속적인 신호가 된다.

짧게 말하면, 통합된 EU가 제공하는 확대된 시장은 실질적인 투자 '탈출'을 통해서든, 아니면 정책수립자들로 하여금 가상의 탈출을 예상하게 만드는 방법으로든, '외부에서' 국가적 정책수립 과정에 영향을 줄 수 있는 여지를 제공한다. 국민국가들 내부에서 벌어지던 경제적 경쟁이 어떻게 하면 투자자들에게 매력적인 환경을 제공할 것인가를 놓고 EU 회원국들 사이에 벌어지는 새로운 정치적 대립관계로 바뀐 뒤, 공공정책을 만들어내는 '시장'의 능력은 국민국가가 규제하는 좁은 경기장에 있을 때보다 한층 증가했다.

그러나 무역에 방해가 되는 국경과 그 외의 다른 '비관세' 장애물들을 없애버린 시장통합형 EU의 경제적 매력이 그 영향 아래에 있는 모든 투자자와 국가, 지역, 산업분야, 피고용자들에게 두루두루 공평하게 이익을 주지는 않는다는 점을 주목하자. EU가 벌이는 경제 게임에 참여하는 참여자들의 경제적, 제도적, 인구통계학적, 지리적, 정치적 환경이 저마다 엄청나게 다르다는 점을 고려한다면, 모두에게 적용되는 단일한 규제 체제로는 모두에게 평평한 운동장을 만들어낼 수 없다는 사실이 자명하다. 그 결과 경제적 경쟁과 국가 간 대립관계에서 일부 참여자들은 사실상 승자가 될 운명을 지고 태어나고, 일부는 (환경에 맞게 적응할 기회가 있을 수도, 없을 수도 있지만)패배할 운명을 타고나며, 일부는 따라잡기 위해 EU 기금의 도움을 받아 따라잡기에 나설 것이고, 일부는 국가의 틀을 벗어난 시장에서도 심각한 경쟁에 노출되지 않으면서 스스로를 보호할 수 있는 틈새를 찾아낼 것이다. 개별 노동자나 지역, 기업, 산업분야, 국가가 이들 중 어느 분류에 속하느냐에 따라 유럽의 경제적 통합은 진정한 자본 해방의 축제가 될 수도, 아니면 순전한 재앙이 될 수도 있고, 문제는 문제이지만 해답을 찾을 수 있는 문제이거나, 아니면 별다른 영향을 주지 않는 하나의 변화에 불과할 수도 있다.

제 2 장
위기의 본질

우선 유로존 내부의 복잡한 사정과 주요 구성요소, 기능적 결합, 맥락들을 간략하게 짚어보자. 모든 게 한편으로는 미국의 서브프라임 위기의 여파가 촉발하고 다른 한편으로는 EU 회원국들의 경제적 상황과 '잘못된' 정책이 자체적으로 유발한 금융시장 위기와 함께 시작됐다. 위기는 '실물' 경제에서 은행이 담당하는 채무자에 대한 채권자로서의 기능은 물론, 결정적으로는 연기금이나 지방정부 등의 예금자에 대한 채무자로서의 기능도 수행하지 못할 처지로 내몰았다. 여기서 중요한 점은 지탱할 수 없는 적자 재정을 운영하며 과도한 빚을 축적하고 있던 국가들이 아니라 민간 채무자들에게 신용을 확대하고 있던 민간 은행들, 즉 민간 영역에서 위기가 시작됐다는 점이다.

자신이 필요로 하거나 원하는 자산이 아니라 (전 세계에 흩어져 있는 수많은 금융 투자자들인)남들이 곧 구매할 것이라 생각되는 자산을 구매하는 것이 금융시장의 고유한 본질이다. 여기서 말하는 남들도 똑같은 논리에 따라 다른 이들의 투자 경향에 관한 다양한 정보와 신호, 어림짐작(투기)에 기대어 투자에 나선다.[10] 타인의 생각에 대한 생각을 추동하는 힘은 주식시장 사례처럼 금융자산에 대한 수요함수가 일반적인 재화와 용역 시장에서 볼 수 있는 대부분의 수요 곡선과는 달리, 상당한 기간 동안 가격이 상승해도 구매가 감소하는 것이 아니라 오히려 증가하다가 대체로 예고도 없이 갑작스럽게 '거품이 터지는' 분기점을 맞는 특유의 모양을 잘 설명해준다. 금융시장의 또 다른 특이성은 2008년 9월 15일에 발생한 리먼브라더스의 파산 사례와 같이 유례없이 넓은 범위의 2차 피해와 사회적 비용을 발생시켜 은행과 보험사의 채권자들처럼 자산을 은행에 맡겨 놓은 모든 종류의 경제적 행위자들에게 영향을 준다는 점이다. 뭐니 뭐니 해도 금융 회사들은 무수한 민간부문 청구인들과 공공부문 청구인들에게 자산을 빚지고 있는 채무자다. 따라서 큰 은행들이

10 이런 인지적 정보의 일부는 평가기관들이 만들어 제공한다. 이들은 화재경보를 울리는 동시에 불에 기름을 끼얹는 것이나 다를 바 없는 위선적인 논리에 따라 움직인다.

파산하면 다른 은행들까지 포함한 기업과 가계, 고용인들은 물론, 자칫하면 국가까지도 파산하게 되는 결과를 피할 수 없다. 구조적으로 은행은 인질범에 해당한다. 인질의 목숨을 구하고 싶으면 은행이 시키는 대로 하는 게 좋을 거라는, 알기 쉬운 권력관계를 형성한다. 예금자들(이들이 은행에서 일시에 예금을 인출함으로써 은행의 파산을 초래할 가능성이 있다)과 경제 전반을 보호하기 위해 국가 정부들과 초국가 기구들은 주요 은행이 파산하는 비참한 상황이 발생하지 않도록 시스템적으로 중요한 은행들*에 대한 구제 작업에 착수할 수밖에 없었는데, 2000년대 초반에 대다수 정부들이 이들 은행에 대한 규제를 풀어주고 자유화했던 일이 바야흐로 은행들의 '인질 포획 능력'을 향상시켜준 꼴이 된 셈이다. 건전성 확보 차원에서 은행들은 자본 확충을 허가받기에 충분할 만큼, 달리 말하면 미래에 있을 대규모 금

* 시스템적으로 중요한 은행들(Systemically Important Banks)은 금융체계에서 중요한 역할을 담당하여 파산할 경우 사회경제적으로 큰 영향을 주는 금융기관들을 이른다. 국제적으로는 세계적으로 영향력이 큰 금융기관들을 열거한 공식 목록(G-SIBs)이 존재하고, 각국은 자국 경제에 미치는 영향력을 판단하여 국가별 목록(D-SIBs)을 작성하여 관리한다. — 옮긴이

융 붕괴와 그에 따른 구제 작업의 영향을 받지 않아도 될 만큼 유리한 조건으로 구제되었다. 미국[11]과 유럽 양쪽에서 신자유주의에 입각한 정책들과 중앙은행의 통화정책들은 은행들에게 신호를 보내 무모한 대출 사업에 투자하라고 부추겼고, 덕분에 EU 주변부 국가들에서는 실질금리 측면에서 돈의 가치가 엄청나게 하락했다.[12] OECD 국가들의 경제성장률이 다년간에 걸쳐 전반적으로 감소하고 있었을 뿐만 아니라, 감소된 실질임금을 빚을 내어 부분적으로 보완하고 있던 민간 가계와, 부채로 조달한 자금으로 재정 지출을 확대하는 방식으로 실현해온 국가가 모두 장기적으로 부채를 늘려가는 '금융화'를 추진하고 있던 경제적 맥락 속에서 이런 일이 일어났다.[13] 간단하게 말해서, 위기

---

11 리처드 A. 포스너, 2010.

12 여기서 더 논의하기는 어렵지만, 수수께끼는 바로 다음과 같다. 논의된 바대로 은행들의 무책임한 대출 관행과 거품 형성, 은행 파산, 은행 위기에 뒤따르는 은행 구제, 마침내 경기 후퇴와 재정 위기로 이어진 일련의 위기 인과관계의 시작이 중앙은행에서 공급한 부적절한 저리 자금이라면, 어떻게 위기에서 벗어나는 방법이랍시고 경제 전반에 저리 자금을 쏟아 붓는 방안을 진지하게 제안하고, 사실상 (연방준비제도와 유럽중앙은행이 둘 다 그랬던 것처럼)실행할 수 있는가? 불을 끄는 데 휘발유를 쓰자는 제안과 다를 바가 무엇인가?

13 볼프강 스트레크, 2014.

를 초래하게 된 상황들의 요소를 보면 하나, 중앙은행들이 공급한 저리 자금. 둘, '대마불사' 규칙을 맹종하는 각자의 국가를 믿고 '남들이 다 하는 일은 따라 하라'는 논리를 따라 누가 더 '도덕적으로 해이한지' 다투기라도 하듯 무모하게 위험을 무릅쓴 주요 은행들의 대출 관행. 셋, 지속적으로 하락하는 선진국들의 경제성장률. 넷, '실물' 경제의 일상적인 생산 활동뿐만 아니라 민간 가계와 국가의 소비도 갈수록 근로소득과 세수 대신 대출에 의존하게 되는, 만연한 '금융화'[14] 풍조가 있다.

1999년에 EU 경제통화동맹의 마지막 3단계가 EU의 새로운 통화 관리체제로 시행되던 때에 맞춰 이런 경향과 맥락들이 생겨났다. 덴마크와 영국을 제외한 EU 전 회원국들이 필요한 자격을 갖춰 공동통화를 채택할 수 있도록 경제를 이끌겠다고 약속했고, 26개국 중 18개나 되는 회원국들은 2014년까지 공통통화를 채택하는 작업을 마치겠다고 약속했다. 간단히 말해서, 공통통화를 채택하는 데에 찬성하는 주장들은 하나같이 공통통화가 경제성장과 번영에 기여하리라는 예측에 기초해 있었다. 같

14 히리스토프 도이치만, 2011.

이 쓰는, 또는 그럴 거라고 기대되는 통화는 국가 간의 경제 활동을 보다 예측 가능하게 만들어주고, 그래서 회원국들 사이의 경쟁과 분업을 촉진할 터였다. 단일통화는 거래비용을 줄일 것이다. 지금까지 개별 통화의 대외적 가치를 결정해온 각국의 중앙은행들은 손발이 묶이고, 그 결과 다른 회원국들에 비해 경쟁력이 뒤져서 이를 바로잡는 정책적 대응이 필요할 경우에도 각국 정부들은 내부적으로 공공지출 규모와 노동 비용을 조정하는 방안에만 의존할 수밖에 없게 된다. 이런 방식으로 공통통화는 단일 화폐가 만들어내는 회피할 수 없는 경쟁적 압박을 통해 생산성과 산출량 측면에서 회원국들의 경제 전체를 융합시키는 유익한 능력을 가지고 있다고 예측되었고, 그 덕분에 권장되었다.

그러나 요즘은 공통통화 자체와 공통통화가 회원국의 경제 발전에 미치는 충격에 반대하는 주장들이 널리 받아들여진다. 무엇보다 유로를 받아들인 통화 지역이 경제발전 수준이나 물가상승률, 임금 결정 방식, 복지국가 제도의 유형, 생산성, 제도적 구조, 경제문화, 지리적인 시장 접근성 등등에서 볼 때 유로를 공통통화로 성장시키기에는 너무 이질적이다. 통화를 관리해온 다른 국가의 손발이 묶인 상황을 이용하여 이득까지 보면서 잘 대응하는 나라들이 있는 반면, 제일 중요한 지표인 단위노동비용 측면에서 다른 국가들에 비해 열등한 성과를 보이며 그에 기인한 무역적자를 쌓아가는 나라들도 있다. 단위노동비용은 한 나라의 노동생산성이 증가할 때 실질 노동비용이 얼마나 증가하는지를 나타내는 지표다. 5억 EU 시민들이 사용하는 24개나 되는 공식 언어들이 쌓아올리는 사실상의 이동 장애물을 고려한다면, 하나의 통화 지역이 '최적화'[15]되는 데 필요한 완벽한 생산 요소 이동성이 EU에서는 자본뿐만 아니라 노동력에게도 명목적으로만 적용되는 셈이다.[16] 그러므로 EU 단위에서 벌어지는 국가 간 경쟁력 경기에서 진 국가들은 그간 자신의 약점과 특정한 필요에 맞게 운용해오던 국가적 통화정책이라는 익숙한 수단만 빼앗긴 꼴이 된다. 일단 그러고 나면 해당 국가들로서는 각자의 재정 정책들로 시선을 돌려 내부의 정치적, 경제적 문제를 해결하기 위해 국가 부채를 쌓는 것 외에는 달리 기

15 로버트 먼델, 1961.

16 필리퍼 판파레이스, 2013.

대할 만한 수가 없다.

그러나 유로에 동반하는, 과도하게 안정성에 집착하는 통화 관리체제가 한사코 동의해주지 않는 방식이 바로 이런 국가들의 고부채 정책이다. '과도한' 수준의 국가 부채가 바람직하지 못하다고 평가되는 데에는 몇 가지 이유가 있다. 그중에는 지금으로서는 아직 입증되지 않았지만 부채가 인플레이션을 유도할 수 있다는 우려가 있다. 부채가 많으면 재정 지출 면에서 왜곡이 발생하는데, 수요를 안정화하고 성장을 유도하는 대신 부채에 대한 이자를 지급하는 데 상당한 재정이 투여되면서 분배 감소[17]뿐만 아니라 경제성장에도 심각하게 부정적인 영향을 끼칠 수 있다는 우려가 또 다른 이유다.[18] 더 나아가 국가가 부채를

---

17 세금을 걷는 국가는 (누진적인)과세로 부유층의 가처분소득을 줄이는 반면, 빚을 내는 국가는 부유층이 국가에 빌려줄 수 있는 만큼의 자금에 대해 이자를 지급함으로써 부유층의 가처분소득을 늘린다.

18 이는 하나의 예시일 뿐이다. 부채가 많은 EU의 주변부 국가들인 PIIGS는 (파이낸셜 타임스 2014년 4월 20일자)1300억 유로, 다른 말로 하면 재정 수입 1유로당 10센트라는 어마어마한 금액을 이자를 갚는 데 쓴다고 추정된다. 이런 상황은 부채를 늘려서는 흡수할 수 없을 미래의 충격에 극도로 취약하게 만들고 투자를 일으키고 사회 안정망을 유지할 수 있는 능력을 파괴할 것이다. 예를 들어, 2014년에 포르투갈이 지급해야 하는 총 이자의 계산서 규모는 의료보장 예산의 규모와 거의 비슷했다.

많이 지면 대출을 해준 은행들이 위태로워지기 때문에 또 다른 금융시장 위기에 취약하게 된다는 걱정도 있다. 채권자들이 이런 국가들 중 하나라도 부채에 대한 채무를 이행하지 못하게 될 위험이 있다고 판단할 경우, 표적이 된 국가는 그런 판단을 현실화시킴으로써 투기적인 연쇄 반응과 감염 효과를 유발하여 유로존의 다른 국가들을 위협할지도 모르는 수단밖에는 달리 대응할 수단을 갖지 못할지도 모른다. 이런 이유들과 또 다른 이유들로 인해 1993년에 효력이 발생된 마스트리히트조약에서부터 1997년에 시행된 '안정과 성장에 관한 협약'까지, 그리고 정부들 간에 합의된 '유럽 재정협약 (안정, 협력 및 거버넌스 관련 협약, 2013년)'으로 이어진 여러 번의 개정에 이르기까지, EU와 유로존 역사의 대부분은 늘 되풀이되지만 끊임없이 실패하는, 회원국들에게 '재정규율'(GDP 대비 예산적자 규모와 총 부채의 한도 설정)을 강제하려고 계속해서 시도하는 EU의 노력으로 점철돼 있다고 볼 수 있다. 왜냐하면 일반적인 연방국가의 중앙정부와 달리 EU에는 독자적인 과세 및 지출 권한이 없기 때문이다. 부채를 늘려가며 지출하는 회원국들의 관행을 통제할 수 있을 만한 (이미 위협받기 시작한 조건부 강요

수단과 정부 간 협상에 반대되는 의미에서)효과적인 법적 수단이 EU에는 없다. 그런 권력을 가지려면 관련 권한들이 법률로 제정되어야 하고 정당성을 얻으려면 민주적으로 행사되어야 하는데, 국가부채의 수위를 결정하는 국가 단위의 의회들과 선출된 정부들이야말로 딱 그런 경우다. 경제통화동맹이 시작된 이래 허용선(최초에 정해진 예산적자 규모 한도는 GDP의 3%, 총 국가부채 규모의 한도는 GDP의 60%였다)을 넘어서는 지출을 제한하기 위해 EU가 만든 각각의 규정들 모두를 거의 대부분의 회원국들이 끊임없이, 그리고 대체로 제재를 받지 않은 채 위반해왔다.[19] 유로의 통화 관리체제도 미국과 같은 연방국가와 달리 성장과 고용을 촉진하는 경제정책을 입안하거나 소득을 이전하고 공공서비스를 제공하는 사회정책을 수립할 수 있는 정책용 연장통을 가지고 있지 않았다. 민주적(투입) 정당성을 가진 제도적 도구도 없고 전도유망한 경제

---

19 1인당 GDP가 제일 높은 2개국인 룩셈부르크와 덴마크에 스웨덴과 핀란드를 추가한 4개국만이 EU가 법으로 제시한 국가부채에 관한 처방을 위반하지 않았고, EU 28개국의 현재 예산적자 규모의 평균은 GDP의 4.5%(3%가 아니라)이며, 국가부채는 GDP의 83%(60%가 아니라)로 평가된다.

정책과 사회정책을 세울 수 있는 정책적 도구도 없는 상황에서, 유로존의 위기를 관리해야 하는 EU집행위원회로서는 정당성과 효율성이 모두 부족한 상태에서 '조건부'라는 지렛대에 의지해 각자 재량이 되는 대로 지배하는 기술관료적 방식에 호소할 수밖에 없다.

민간은행들을 구제하는 데에 공적 자금을 긴급 지출하면 국가는 성장을 유도하거나 장기적으로 성장의 견인차가 될 수 있는 부문(사회간접자본, 교육, 운송, 통신, 연구개발), 또는 수요를 받쳐줄 수 있는 사회적 지출 영역(민간 영역의 고용, 연금 및 기타 소득 이전, 경제와 고용을 자극할 수 있는 지출들)에 그만큼의 자금을 쓸 수 없게 되는데, 이 두 영역에 대한 지출은 적어도 잠재적으로는 미래의 과세 기반, 즉 자본주의 '실물' 경제를 유지하고 확대하는 데 기여할 수 있다. 게다가 근래에 들어 자본주의 '실물' 경제의 성장은 그 어느 때보다 더 국가가 제공하는 온갖 종류의 '투입'에 많은 부분을 의존하고 있는 듯하다.

이처럼 '투입'이 부족해질 것이 분명하니 그 결과로 성장률이 더 떨어질 것이라 예측한 일부 투자자들은 실물경제보다 상대적으로 높은 수익을 보장하는 금융부문(과 부동산)으로 투자를 이전하였다.[20] 그 여파로 성장과 고용은 더 떨어지고, 그와 함께 GDP 대비 총부채 비율은 더 상승했다. EU가 재정지원(연대)의 대가로 강제한 긴축 조건 탓에 총 정부 지출이 축소되면서(다른 말로 하자면, 국가예산 집행계획이 '강화'되면서) 재정적자 국가들의 생산이 오히려 더 가파르게 감소하는 바람에(회원국들에게 강제한 긴축 수단의 결과로 국가 부채보다 GDP가 더 빨리 축소되는 '분모효과' 탓에) GDP 대비 국가부채비율이 증가되었기 때문이다.[21] GDP 대비 총부채비율이 오히려 상승하는 것을 본 은행들과 재정 지원 '공여국'들은 규제를 더욱 강화하는 방식으로 반응했다. 공공지출 총액에서 부채에 대한 이자가 차지하는 비율이 상승하고, 그에 맞춰 사회적 지출이 감축된 것을 고려한다면, GDP 대비 공공부채비율이 가장 높은 나라들에 (청년)실업과 빈곤, 고용불안, 소득불평등, 공공서비스 악화 현상이 가장 만연하다는 사실은 모르는 사람이 볼 때나 역설적으로 보일 것이다. 유명하지만(정확히 말하자면, 신자유주의 신봉자들 사이에

20 하이너 플라스베크, 2012, 48쪽.

21 올리비에 블랑샤르와 다니엘 리, 2013.

서 유명하지만) 아직 논란이 많은 라인하트와 로고프의 연구결과[22]가 주장하듯이, 이 상관관계가 꼭 부채 수준과 관계될 필요는 없다. 그보다는 부채를 지게 된 상황과, 그 상황이 어떻게 지출구조를 형성하는지, 다시 말하자면 지출구조가(많은 부채를 진 결과로) 은행들의 이자 요구에 부응하는 구조인지, 아니면 시민과 투자자들의 필요에 더 부응하는 구조인지에 더 밀접하게 관계돼 있을지도 모른다. '안정성'(과 미래의 국채 자금을 댈 준비)을 명목으로 은행들이 이자 지급을 우선적으로 요구할 수 있다는 점을 감안한다면, '실물'경제 투자자들과 시민들에게 이익이 된다는 부채에 기초한 성장이란 무기력한 데다 대체로 '쓸 데가 없기' 마련이다.[23]

그러므로 유로라는 통화체제는 두 가지 주요 결함으로 고통받고 있으며, 2014년 초 현재에도 여전히 그렇다는 데에는 거의 논란의 여지가 없다고 할 수 있다. 유로체제는 적어도 지금까지로 봐서는 최적 상태에 미치지 못하는 '잘못된' 경제적 공간, 앞

22 카르멘 레인하트와 케네스 로고프, 2010년.

23 국제노동기구, 2014.

으로도 분화가 계속될 고도로 비균질적 경제적 공간[24]에 구축되었다. 그리고 재정과 경제, 사회 부문의 정책 입안 능력이 심각하게 제한되어 있어 제도적으로도 불완전하다. 유로는 회원국들의 중앙은행이 각자의 필요에 맞춰 저마다의 통화정책을 행사하지 못하도록 손발을 묶을 뿐 아니라, 유로가 새로운 통화 게임의 패자들에게 떠안긴 손해를 보상하려는 유럽 단위 정책 수립자들의 손발도 묶어버린다. 광신적인 시장 신봉자들만이 이 체제에서 상대적으로 성공적이지 못한 지역의 임금과 상품 가격이 낮아지거나 아니면 노동력이 더 성공적인 지역으로 유출되는 방식으로 유럽 내 지역과 국가 간 사회경제적 불균형이 '저절로' 조정되리라 믿는다. 이 지속적인 불균형을 그나마 견딜 만하게 만들려면 정책적 능력이 필요하다. 유럽구조기금과 결속기금을 통해 재정이 지원될 때 함께 제시되는 긴축과 내부적 개혁 조건과 같이 심각하게 부적절한 수단으로 얻는 융합보다

24 단 하나의 지표로 이 상황을 묘사해보자. 12개 신입 회원국들 중 10개국이 일인당 GDP 분포에서 하위 자리를 차지하고 있으며, 확실한 이상치로 볼 수 있는 꼭대기의 룩셈부르크와 바닥에 있는 불가리아의 일인당 GDP를 비교하면 17:1인데, 이는 EU 내에 동서 분리가 지속되고 있음을 나타낸다.

훨씬 강력한 방법들을 통해 융합을 권장하기 위해서도 이런 정책 능력이(없으면 유로 경기장이 재정적자 국가들에게 한층 더 불리한 방향으로 기울어지게 된다) 요구될 것이다. 그러나 이런 새로운 능력을 획득하는 건 유럽 시민들과 회원국들에게 민주적으로 설명할 수 있는 방식으로 그 능력이 집행되도록 하지 않고서는 상상도 할 수 없다.

첫 번째 결함을 보자면, 유럽중앙은행의 지배 체제 아래에 있는 유로는 각기 경기순환의 다른 단계를 이행 중인 데다 편차도 커 보이는 여러 경제들에 과도하게 일반화된 통화정책을 적용한다. 국가들마다 다른 고유한 상황과 특성에 대응하지 못하는 제도적으로 무능한 통화정책 탓에, 우리는 '모두에게 맞는 하나' 대신에 '아무에게도 맞지 않는 하나'만 남아 있는 상황을 맞았다.[25] 이 체제는 특정 국가의 물가상승률이나 재정확대율에 집중할 수 있는 능력은 물론, 특정한 시기와 장소에 맞게 차별화된 수단들을 적용하여 '불균형의 충격'과 '거품'을 흡수할 수 있도록 해줄 제도적 장치들도 결여하고 있다. 드넓은 영토적 범위

---

25 볼프 셰퍼 , 2011., 헨리크 엔데를라인, 2013a.

에 걸쳐 민간 주체들과 공공 주체들 사이에서 두루 쓰이는 간편하고 믿을 만한 비정치적인 지불수단이기는커녕, 실제로는 자신의 권역을 공통통화 채택 여부로 분리하고 있는 유로는 그 자체가 행사하는 상당한 정도의 분배효과, 더 정확하게 말해자면 역누진적인 재분배효과 때문에라도 정당성을 검증하는 정당화 과정이 필요한 상태다. 유로체제는 유로-유럽을 나눠 독일, 오스트리아, 핀란드, 네덜란드, 룩셈부르크 같은 '핵심' 또는 '흑자' 국가들을 남쪽과 서쪽(아일랜드) '주변부'에 있는 '주변' 또는 '적자' 회원국들과 싸우게 만들었다. '핵심' 국가들은 유로체제 덕분에 단일한 외부 환율의 이익을 볼 수 있어 유리한데, 유로가 없어지고 각국이 개별 통화체제로 돌아간다면 지금 유로체제 하에서 얻는 정도의 수출 흑자 목표를 달성하기는 훨씬 어려워질 것이다. 동시에 유로체제는 주변부 국가들이 (지급 불능을 선언하여 목숨을 걸고 있다시피 한 은행들의 신뢰를 완전히 잃어버리는 선택 외에는)유로존에서 탈출할 수 있는 선택권을 아예 배제해 버린다. 적자 국가들은 실질적으로 단일통화의 덫에 갇혀 있다. 또 유로체제는 핵심 경제와 국가들에게 유럽중앙은행 자금을 단일 금리로 쓸 수 있도록 값싼 신용을 제공하는데, 거의

0%에 가까운 이 금리는 본래 주변부의 성장을 자극할 필요 때문에 마련된 것이었다. 돈을 빌려주는 측에서 남쪽 국가들이 꾸준히 회복하리라는 전망에 확신을 가지지 못한 탓에, 저리 자금을 제공할 때 기대했던 바람직한 효과가 주변부에서는 나타나지 않았다. 정작 이 통화정책의 승자들은 새로이 분리된 유럽의 북쪽에 있는 경제들과 국가들이다. 예를 들어, 네덜란드는 2007년부터 2011년 사이에 이자 지급액에서만 75억 유로를 절약했다고 알려졌다. 독일의 경우는 이 액수가 150억에서 200억 유로 사이로 추정된다.[26] 게다가 민간 금융 투자자들은 투자할 때 운이 별로 좋지 않으리라 판단되는 국가들보다는 확실하게 부채를 감당하며 이자를 지불할 수 있다고 판단되는 국가들에게 특혜를 주기 마련이다. 이런 모든 이유들과 본래부터 있던 차별적인 편견들 탓에 유로를 제도적으로 정비해야 한다는 문제 자체가 점점 늘어나는, 그러나 어떤 종류의 제도화된 정치적 출구도 거부하는 (실제로는 각국 헌법재판소의 형식논리적인 거부권과 유럽위원회를 지배하는 정부 간 만장일치 규정 탓에 해결에 관한 논의

---

26 게르트 마크, 2012, 15쪽.

자체가 제약된)분쟁들을 발생시키게 되었다.

경제, 사회 정책을 수립하는 데 필요한 민주적 정당성이 부족하다는 두 번째 결함을 보자면, EU가 부과한 긴축 규정을 더 엄격하게 따르다가는 언젠가 맞을지도 모르는(그리고 이미 대대적으로 맞은) 사회적, 경제적 재난을 피하려다보니 종종 부채 규정을 위반해야 할 필요를 느끼게 되는 회원국 정부들에게 규정을 준수하라고 법적으로 강제할 수 있는 방법이 EU에게는 없다. 정치엘리트들이 기회주의적이고 방탕한 낭비꾼들이라서가 아니다. 위에서 밝힌 자본의 국가 의존도를 고려하면, 문제는 명백히 민주자본주의의 제도적 기관들이 국가부채를 연료로 삼는 정도가 그 어느 때보다 심하다는 점이다.

국경 없는 자본주의적 민주 사회들은 본질적으로 그 어느 때보다 심각하게 국가부채에 중독돼 있다. 제임스 오코너[27]가 한 세대도 전에 주장했듯이, 이 명제는 '민주주의적' 이유와 '자본주의적' 이유 모두에 적용된다. 민주주의적 이유를 보면, 각국 정부들이 자국 국민들에게 강제할 수 있고, 또 강제할 준비가 된

27 제임스 오코너, 1979.

소득 이전 및 사회보장 삭감, 간접세 부담 증가, 복지국가 축소 조치에는 명백히 정치적 한계가 있다. 어찌 됐건 이들 정책들이 기초하고 있는 정부와 여당은 재선에 목마르니까 말이다. '자본주의적' 이유를 보면, 투자와 자본 축적, 고용, 거기다 궁극적으로 봤을 때 국가의 미래 과세 기반이 모두 넓은 의미에서 말하는 온갖 종류의 사회간접자본에 투여되는 공공지출에 목을 매달고 있다. 동시에, 부채 확대를 통한 재정 확보 방안을 대체할 수 있는 부유층과 기업 자본에 대한 증세라는 재정적 선택권도 재정정책 수립자들이라면 반드시 염두에 두고 고려해야 할 자본 이동성과 세금 회피 수법들 때문에 (운도 좋긴 했지만 예외적이라 할 수 밖에 없는 몇몇 스칸디나비아 국가 사례를 제외한 모든 국가에서)대체로 채택이 불가능하다. 모순은 이렇다. 국채를 발행해 신용을 확보하기 위해서 국가는 갈수록 더 많은 (실물경제의 수요와 공급 모두를 늘리는 데 쓸 수도 있었을)몫의 세수를 떼어내 부채에 대한 이자로 지급하겠다는 결정을 해야 한다. 또 국가는 자국 경제의 '건강성'에 대한 채권자들의 평가와, 정부 정책이 경제성장에 도움이 되는지, 그래서 이자를 지불하고 종국에는 부채를 갚는 데 필요한 과세 기반을 키우는 데 도움이 되는지에 대한 금융투자자들의 판단에 의존하게 된다. 그러나 그런 성장을 어떻게 불러올 수 있는지, (특히)지역적으로 일어나는지, 아니면 국가 단위에서 일어나는지, 그도 아니면 재분배를 시행하는 재정 연방이 되기에는 필수적인 조건들을 결여한 긴축 체제 아래에서는 가능성이 제일 희박하긴 하지만, EU 단위에서 일어나는지에 대해 뚜렷한 생각을 가진 사람은 아무도 없는 듯하다.

유로존의 주변부 국가들을 향해 '트로이카'*가 내민 조건부 전략은 부채 탕감과 재정 지원의 '답례'로써 반드시 충족되어야 할 두 가지 요구인 긴축과 '구조 개혁'으로 구성되었다. 지금에 와서는 긴축이 성장과 고용에 명백히 부정적인 영향을 준다는 사실은 상식이 되었다. '개혁'에 대해 말하자면, 이 용어는 이미 도처에서 새로운 의미로 사용되는 듯하다. 우리가 '개혁'이라는 단어를 사용할 때는 단 한 걸음일지라도 더 나은 분배적 정의를

---

* 2008년 금융 위기와 뒤이은 유로 위기, 재정 위기를 거치며 가장 큰 타격을 받은 그리스와 키프로스, 아일랜드, 포르투갈, 에스파냐에서는 긴축과 내부적 개혁을 강제하며 사회적 고통과 불안을 야기하는 외부세력의 대표격인 EU집행위원회와 유럽중앙은행, 국제통화기금을 묶어 '트로이카'라 칭하는 경우가 흔했다. — 옮긴이

향한, 뭔가 주도적이고 '진보적인' 어떤 것을 의미하는 경우였다. 지금 우리는 개혁이 그 반대, 즉 재화와 용역, 특히 노동시장에 대한 규제 완화와 복지 축소를 의미하는 현장을 목도하고 있다. 바꾸어 말하면, '노동자 해고나 창업, 허가제 직종 개방, 재화 및 용역 시장에 대한 규제 제거를 더 쉽게 할 수 있도록 만드는 것'이다. 이런 '개혁'이 장기적으로 생산성과 경쟁력 향상에 기여할지는 모르겠지만, 로드리크가 주장했듯이,[28] 고용주들이 '소비자를 찾는 데 어려움'을 겪는 한, 그리고 그와 관련하여 추가로 '신규 사업'을 시작하는 데 필요한 적당한 신용을 얻는 일에 어려움을 겪는 한, 내쫓긴 노동력은 다른 고용주들에 의해 흡수될 수 없다.

그러나 실질적으로 EU와 회원국들의 정치엘리트들은 하나같이 (새로운 의미의)개혁은 필요하고 급박하게 요구되고 있으며 피할 수 없다고 지속적으로 공표한다. 물론 현대 자본주의 경제의 생존이 베버가 말했던 '합리적' 형태의 관리와 만인에게 동일하게 적용되는 규칙을 시행하는 데 달려 있다는 사실에는 어

---

28 다니 로드리크, 2013.

떠한 합리적 의심도 있을 수 없다. 한편으로는 족벌주의, 부패, 매관매직과 판결 매수, 자신들에게 부과된 세법 또는 형법에 대한 사회 특권층의 효과적인 저항, 파벌주의적 특권층 보호를 포함한 여러 당파주의적 관행들은 경제적으로 많은 손실을 발생시키고 있으니 보는 즉시 그 자리에서 발본색원해 마땅하다는 데에도 논란의 여지가 없다. 그러나 '개혁'이라는 것이 이 '현대화'라는 과제에 대응하기 위한 것이라면, 강화되어야 할 필요가 있는 것은 국가 그 자체와 규칙을 제정하고 시행하는 국가의 능력이지 고삐 풀린 시장의 힘이 아니다. 보호되어야 할 것은 보호 수단과 특혜를 '살 수 있을' 만큼 자원이 풍부한 이들의 신분이 아니라 가장 혜택 받지 못한 이들의 안전이다. 가장 취약하고 대처할 준비가 돼 있지 못한 이들(청년, 연금생활자, 공공서비스 수혜자, 구조조정된 공공 영역 노동자들, 기타 등등)을 '내부적 평가절하'라는 이름으로 '시장'에 노출시키는 EU의 새로운 조건부 개혁주의에서는 이런 본질적인 차이가 간과되는 경향이 있다. 게다가 여하한 개혁 계획이 어떠한 경제적 장점들을 가지고 있든지 간에, 법제화된 민주적 정치 과정이 아니라 심한 굴욕감과 분노, 울분의 반작용을 일으키곤 하는 외부의 강제와 사실상의 협박에 의해 권장되어서는 기꺼이 채택되어 준수될 가능성이 전혀 없어 보인다. 또한, "경제 규모가 축소되는 와중에 구조개혁을 완수하기는 매우 어렵다 …… 가파르게 실업률이 늘고 복지 지출이 삭감되는 시기라면 개혁은 상황을 악화시키기 십상이다."[29] 시장의 힘으로부터 보호해야 하거나 보호하지 않아도 될 대상이 누군지 (그리고 그 힘에 맞서 뚫고 나갈 수 있도록 누구에게, 예컨대 교육과 훈련 서비스를 제공하거나 적절한 신용을 얻게 해서 힘을 키워줄 것인가)는 국가 및 EU 차원에서 정치적 논쟁과 투쟁을 통해 풀어야 할 문제이지 적법성 면이나 효과 면에서 EU집행위원회의 기술관료들이나 그들의 '개혁' 처방을 통해 제대로 답을 얻을 수 있는 문제가 아니다.

분배 효과의 감소나 충족되지 않는 필요, 그리고 '개혁'이라는 이름으로 임금, 연금, 공공서비스 생활자들에게 왕왕 부과되곤 하는 노골적인 악몽은 별개로 하더라도, 개혁이 유럽 주변부 국가들의 경제에 유익한 영향을 준다는 주장도 전혀 확실하지 않다. 개혁이 단위 생산량에 소요된 총노동비용으로 산정

---

29 루카스 추칼리스, 2014, 45쪽.

했을 때의 노동생산성을 증가시키는 것은 사실이다. 예를 들어 일자리 보호 장치가 사라지면 고용주들은 수요 감소로 인해 더 이상 필요하지 않게 된 노동력의 임금을 절약한다. 그들로서는 '개혁'이 없었을 때보다는 신축적인 시장에 적응하는 비용이 내려가는 셈이다. 그러나 내수 시장에든 해외 시장에든 보다 생산적이 된 노동자들이 만든 더 싼(싸다고 추정되는) 생산물을 사줄 유효수요가 충분하지 않다면, 아주 거친 가정이긴 하지만, 개혁의 최종적인 효과는 더 높아진 경쟁력과 개선된 생산성, 그리고 머지않아 이어질 추가적인 고용을 통한 경제회복이라기보다는 줄어든 고용이다. 아니면 고용주들은 향상된 생산성 덕분에 얻은 수익을 이제는 생산성이 더 높아진 인력에게 (실업률이 높은 상황에서는 그럴 성 싶지 않지만)상대적으로 높은 임금을 지급하는 데 써야 하거나 추가적인 일자리를 창출하는 투자에 써야 하지만, 추가적인 수요가 예상되지 않는 한 그런 일이 일어날 것 같지는 않다. 지금처럼 생산성을 향상시키는 노동시장 개혁 탓에 짓눌린 유효수요가 상품 마케팅을 경쟁적으로 더 성공적으로 해낸다고 해서 충분히 보완될 수 있을까라는 질문에 대한 답은 예측하기 어렵다. 그런 효과가 있을 거라는 우호적인 기대감이 없는 상황에서, '개혁'은(긴축 재정 방안들과 마찬가지로) 수요를 더 짓누르기만 할 뿐이다.

제 3 장

성장, 부채, 파멸의 순환 고리

거시경제의 네 주체들이 복잡하게 얽히고설켜 돌아가는 파멸의 순환 고리가 있다. 네 주체들이란 하나, 금융 산업, 둘, 국가와 재정당국, 셋, 투자자와 노동자, 소비자로 구성되는 '실물' 경제, 넷, 의회민주주의 국가의 시민이다.

민간 투자자 및 소비자 대 채권자

'금융화'라는 용어는 선진 자본주의 경제를 지배하는 여러 경향들을 서술하는 데 널리 쓰이는 용어가 되었다. 이 단어의 의미 중 하나는 GDP 대비 부채 총액의 크기를 말한다. 이 크기, 즉 가계와 투자자, 국가, 은행이 지고 있는 부채의 총액은 미국과 독일의 경우 지난 40여 년간 경제가 굴러가는 사이에 지수로 보자면 4.5에서 9로, 거의 두 배가 늘었다.[30] 다른 말로 하자면, 은행들의 총자산에 해당하는 총부채가 연간 GDP의 약 9배에 달한다는 말이다.

생산자와 노동자/소비자로 구성된 민간 부문은 신용대출에 의존한다. 제조 기업과 상거래 기업은 실물투자와 상거래를 위해 신용대출을 받고, 가계들은 소비를 위해 신용대출을 받는다. 민간 생산과 소비가 갈수록 신용을 기반으로 하는데, (실현된)미래 소득으로 이자를 덧붙여 갚겠다는 약속 아래 (기대되는)미래 소득을 현재에 당겨쓰는 것에 다름 아니다. 가계와 투자자들은 채권자들에게 종속된다. 거꾸로, 실제로 신용을 부여할지에 대한 은행들의 판단은 채무자가 이자는 물론 원금을 갚을 수 있을 거라고 채무자의 미래 능력을 확신시켜주는 믿을 만한(신용을 줄 만한) '사업계획'이나 (가계의 경우)고용전망 자료들을 제공받을 수 있느냐에 달려 있다. 즉, 금융기관들은 채무자들의 사업계획/고용전망이 가진 실현 가능성에 의존한다. 은행에서 볼 때 신뢰성을 의심할 만한 이유가 차용자에게 있다면, 은행은 이자

---

30 볼프강 스트레크, 2014.

율을 올리거나 위험평가를 반영한 담보를 요구할 것이다. 그러나 높은 이자율 부담에 직면한 '실물'경제 투자자들은 은행을 만족시키는 사업계획을 내놓기가 전에 없이 어렵다는 사실을 알게 된다. 그 결과로 발생하는 신용경색은 유럽중앙은행이 시중은행들에게 제공하는 마이너스 실질금리로도 보상할 수 없는 방식으로 경기후퇴를 심화시킨다. 은행이 보기에 (미시적으로) 만족스러운 수익을 얻을 가능성이나 (거시적으로)GDP가 성장하리라는 전망이 분명치 않다면 은행으로서는 민간 부문 주체들에게 신용을 부여할 이유가 없다.[31] 유럽중앙은행이 시중 은행들에게 요구하는 안전성 시험을 예측하며 과거에 있었던 모든 나쁜 대출 사례들을 염두에 둔 많은 은행들이 완충자본을 늘리려 들고, 그러다보니 그 어느 때보다 몸을 사리는 행태를 보인다. 은행들은 중소기업에게 대출을 해주는 대신 국채 투자로 눈을 돌린다. 위기를 겪는 국가들이 계속해서 신용을 필요로 한다는 점을 고려한다면, 대출기관들이 '실물'경제 투자자들에게 돈

31 사라 고든(2014년)은 한 고위 은행 전문가의 얘기를 인용한다. "신용 증가가 회복을 이끌지는 않아요. 회복이 먼저 일어나야 합니다." 그러나 회복 그 자체가 적절한 신용에 의존하고 있는 상황에서 '먼저 일어날' 기회가 있는지는 의심스럽다.

을 빌려주는 것보다 국가에 돈을 빌려주는 것이 상대적으로 더 많은 이윤을 기대할 수 있다는 사실이 국채 투자에 대한 선호도를 설명할 수 있을 것이다.

그러나 '성숙한' 자본주의 경제에서 성장과 고용, 국민 경제의 경쟁력은 은행이 제공하는 신용뿐만 아니라 (갈수록 운송과 통신, 싼 에너지, 연구개발, 교육, 숙련도 개발, 국방비 지출을 위한 투자를 포함하는)국가가 지원하는 넓은 의미의 사회간접자본 투자에도 의존하게 되었다. 기후문제와 자원 고갈, 국제적 경쟁 상황을 고려할 때, 이 모든 국비 투입들을 포함하는 '성장 프로그램'을 통하더라도 오늘날의 OECD 국가에서 은행의 기대를 충족시킬 만한 경제성장률이 나올 수 있는가라는 질문에는 확정적으로 답하기 어렵다. 이에 못지 않게 논의의 여지가 많은 질문이 '완전' 고용(또는 그럭저럭 참을 수 있을 만큼 그에 근접한 수치)을 이루기에 충분한 정도의 성장률이 성취될 수 있는가라는 문제다. 그러나 이런 경우라면, 은행들은 가계에 소비자 신용을 부여하여 유효수요를 끌어올리는 것이 수익성이 있다는 사실을 알게 될까?

게다가 장기 평균치로 본 성장률이 어쨌든 긍정적이라 판단했을 때에도 성장의 원천은 갈수록 국가적으로나 국제적으로나 지역에 집중되는 경향이 있다. 갈수록 공간적으로 집중되는 이런 성장 경향은 국제적 차원에도 적용되는 듯하다. 2011년 전 세계 GDP 성장의 거의 절반이 BRIC 국가 중 두 곳인 인도와 중국에서 발생했다.[32] 좀 더 정확하게 말하자면, 두 국가 내에서도 성장이 불균형하게 일어나서 상대적으로 좁은 핵심 생산지역에서 집중적으로 성장이 발생했다. EU를 보자면, 유럽구조기금이 국가별, 국가 내 지역별, 산업과 사회간접자본 사업별로 배분해 준 상당한 자원들은 융합에 기여하지 못했고, 심지어 경쟁력과 성장 수치로 봤을 때는 핵심과 주변 간에 심화되는 분리를 멈추는 데도 실패했다. '그리스(또는 남부 이탈리아 또는 EU의 주변부 또는 회원국들 내부의 주변부 지역)를 위한 마셜 플랜'이 필요하다는 요구는 믿을 만한(즉, 신용을 부여할 수 있을 만한) 토양에 안착하지 못했다. 왜냐하면, 예컨대 펠레폰네소스나 칼리브리아, 더 나가자면 독일 북동부의 메클레부르크포어포메른에 번성하리라고 예상되는 산업 부문이 정확하게 무엇인지에 관련하

---

32 크리스 질스와 케이트 알렌, 2013.

여 특정 지역을 위한 마셜 플랜이 무엇인가라는 질문에 대한 답은 대단히 어렵기 때문이다. 만약 경제성장이 세계적 차원에서나[33] 국가적 차원에서 특정지역에 집중되고 고립된다면, 다른 이유를 떠나 국내 이주를 과도하게 유발하는 요인을 줄이기 위해서라도 지역 간의 조건의 차이를 공간적으로 다소간 평준화해야 할 필요가 발생한다. 이런 필요를 충족시키기 위해서는(농업보조금 지급과 같이) 국가가 지원하는 고비용 정책들이 기획되고 시행되어야 한다. 이와 유사하게, 실업률과 소득 불평등, 빈곤, 고용불안, 인구통계학적 불균형 증가와 같은 특징들을 보이는 사회에서 성장을 떠받칠 수 있을 만한 수준의 수요를 유지하려면 최소한의 재분배적 조세제도와 사회정책들이 필요하다(그러나 재원을 마련하기가 어렵다).

OECD 국가들이 (신용카드를 소유한 소비지상주의 중산층들과 함께)갈수록 많은 빈자들이 필요한 소비를 부담하기 위해 감당할 수 있는 최대한도까지 대출에 의존하는 한편 이전소득에 대

---

33 2017년에는 "전 세계 성장에서 차지하는 몫으로 봤을 때 '세계' 상위 10개국이 모조리 유럽 바깥으로 옮겨갈 것으로 예상되고, EU는 전체를 합쳐 세계 성장의 5.7%만을 차지할 것"이 예상된다(크리스 질스와 케이트 알렌, 2013).

한 의존도는 갈수록 낮아지고, 한 줌의 고액 소득자들(유명한 미국의 그 '1%')은 (기껏해야 약간의 세금이 부과되는)금융투자 외에는 달리 소득을 쓸 데를 찾지 못하며, 몇몇 젊은 '기업가들'이 간신히 신용을 끌어 모아 실물경제에 투자할 때, '실물'경제 활동으로부터 '이윤'[34]을 얻기보다는 주로 금융투자를 통해 안전하고 꾸준한 소득 흐름을 얻는 데 관심이 많은 나이든 '불로소득 생활자들'의 숫자가 날로 이들을 압도하는, 그런 종류의 사회를 향해 나아가고 있다는 시나리오는 상당히 그럴듯하게 들린다. 금융산업계가 '실물'경제 투자로부터 국채와 투기적인 부채 거래로 전환한 이유는 대출을 받아 그 자금을 생산 활동에 투자하고 그 생산 활동에서 얻은 수익으로 부채 이자를 갚는 '고전적인' 채무자들이 상대적으로 부족하기 때문이라고 도이치만은 주장해왔다. '실물'경제에서 나타나는 신용에 대한 수요 부족 문제는 분명 고령화 사회의 인구통계학적 변화(부유한 연금생활자들은 기업가보다는 불로소득 생활자가 될 가능성이 훨씬 많다)에다 OECD 국가들이 전반적으로 보여주는 (큰 영향력을 미쳤던 미국의 장기적

---

34 히리스토프 도이치만, 2011.

성장 전망에 관한 로버트 J. 고든[35]의 논문에서 주장했듯이)지속적인 경제성장률 하락이 결합된 효과로 설명할 수 있다. 이 딜레마를 더 심각하게 만드는 데는 환경, 특히 기후변화를 고려했을 때 선진 사회에서 생활하는 우리가 (우리가 아는 방식대로)성장할 자격이 되는가라는, 요즘에 널리 퍼져 있는 의문 한 가지를 지적하는 것만으로도 충분할 것이다. 이런 우려들을 한데 모으면 각각은 그럴듯해 보이지만 어느 것도 서로 양립할 수 없는 세 가지 명제를 얻게 된다. (1)성장은 필수불가결하다, (2)선진 경제들의 성장률은 0에 가까워지고 있다, (3)부정적 외부효과 측면에서 볼 때 성장은 감당할 수 없는 것이 되었다.

채권자 대 주권국가

금융 산업이 투자 실패와 거품 붕괴로 괴로움을 겪고 나면 국가는 '시스템적으로 중요한' 은행들을 구조/구제/자본 확충하지 않

35 로버트 J. 고든, 2012.

을 수 없다. 국가가 이런 조치를 취할 필요를 느끼리라 예측하는 은행들은 거리낌 없이 위험한 사업에 자금을 융자하는 '도덕적 해이' 행위를 저지를 수 있다. 국가가 은행을 구제하는 데 실패한다면 은행뿐만 아니라 은행에 각자의 부를 예치해 놓은 청구권자들, 예를 들자면 지방정부와 연기금 등의 기관투자자들도 직격탄을 맞고 파산하는 결과를 맞을 것이다. 은행은 채권자/예금자들에게 빚을 지고 있는데, 은행이 반드시 '시스템적으로 중요하다'고 간주되어야 한다는 생각은 이들 채권자들의 입장에서 본 것이다. '시스템적으로 중요하다'는 건 어떤 상황에서도 파산하도록 내버려둘 수 없다는 의미다. 그래서 당연히 예상했던 대로, 은행들은 구제되고 은행들이 초래한 손실은 사회화된다.

그러나 이런 구제 작업이 국가에 심각한 영향을 주는 재정 위기로 이어졌다. 재정 수입에서 수천 억 유로를 은행들의 부실채권을 사들이는 데 쓰고 나면, 이제 재정 부족분을 메워야 하는 상황이 발생하고, 그 부족분을 메우는 건, 짜잔! 바로 은행이다. 은행들은 어찌 보면 기적 같은 '최초의 반격' 능력을 향유한다. 무모한 투자로 말미암아 막대한 손실을 초래하고도 은행들은 경제적 죽음에서 구원받을 뿐만 아니라 이제 자신들이 제공하는 신용에 대한 수요가 훨씬 많아진 상황을 맞게 되니, 그들은 이전보다 훨씬 강해진 모습으로 나타난다.[36] 은행이 자신과 채권자 및 청구권자들의 구제를 얻기 위해 국가에 매달린 다음에는 국가가 신용을 얻기 위해 은행에 매달릴 차례다.

'정상적인' 시기에 은행들은 국가에 융자를 주는 데 호의적인 편이다. 국가는 민간 대금업자들이 누리지 못하는 두 가지 선택권을 가지고 있기 때문이다. 국가가 채무자로 선호되곤 했던 이유는 첫째, 국가는 필요할 때 돈을 찍어낼 수 있고, 둘째, 국가는 세금을 올려 부채의 이자를 갚을 수 있기 때문이다. 이 두 가지 이유 덕분에 은행이 국가와 거래할 때는 위험부담에 대한 보험을 드느라 자본을 낭비할 필요가 없다. 그러나 국가를 은행이 선호하는 매력적인 채무자로 만들어주었던 이들 선택권이 유로존 안에서는 더 이상 주어지지 않는다. 첫째, 개별 국가의 중앙은행이 아니라 유럽중앙은행만이 돈을 '찍어낼' 수 있다. 돈을 찍어내다가 인플레이션이 일어나지나 않는지, 그리고 인플레

36 국제결제은행은 2014년 3월에 발표한 자료에서 2007년 중반과 2013년 중반 사이에 전 세계 국가부채가 80% 증가하여 미화로 43조 달러에 이르며, 이는 전 세계 GDP의 59%에 해당한다고 밝혔다.

이션이 앞으로 상환받을 국가부채의 실질 가치를 깎아먹지 않는지를 은행이 걱정해야 할 이유도 충분하다. 세금 인상이라는 선택권 역시 유로 세계에서는 의미가 축소된다. 왜일까? 자본 이동성에 제한이 없고 세금 동조*가 이뤄지지 않은 EU에서 높은 (직접)세금을 매겨봐야 자본은 채무자 국가로부터 도피하여 쉽게 그 세금을 회피할 수 있다. EU 내에 국가 간 세금 경쟁이 만연한 상황에서 위기를 맞은 국가들이 주로 하는 일이 투자자들을 유혹하거나 붙잡아두기 위해 (법인)소득세율을 낮추는 일이다.[37] 은행이 더 이상 국가를 우선 대출 대상으로 선호할 수 없게 된 이상, 국가는 인상된 금리라는 대가를 치러야 한다. 위에서 말한 두 가지 특권을 누리지 못하는 상황에서 신용을 필요

* 세금 동조(tax harmonization)는 내부적인 세금 회피 효과를 유발하는 국가별 조세 정책과 국가 간 경쟁을 줄이기 위해 유럽연합에 속한 국가들의 조세제도를 조율하는 것을 뜻한다. 1997년 이래로 회원국들은 세금 경쟁의 부정적인 효과를 통제하기 위해 취해야 할 공동 조치의 범위에 대해 폭넓은 논쟁을 진행하고 있으며, 해가 되는 세금 경쟁을 방지하는 조항을 '재정협약'에 포함시키는 한편, 이자 지급분에 대한 유효과세에 발생하는 왜곡을 줄이고 국가 간 이자 및 로열티 지급분에 대한 원천징수를 폐지하는 방안 등을 유럽이사회에서 채택하기도 했다. — 옮긴이

37 법인세율을 축소하여 실제로 그 나라가 더 많은 투자를 유치하고 세수를 늘릴 수 있을 것인지 어떤지는 전적으로 '다른 이들'이 어떻게 하는지에 달려 있다. 모든 국가가 세금 경쟁을 벌인다면, 결국 제3자 위치에서 어부지리를 얻는 건 투자자들일 것이다.

로 하는 국가가 은행업계에다 자신이 융자를 해줘도 될 만한 대상임을 보여줄 수 있는 유일하게 남은 방안이 이자 지급 이외의 용도에 배정했던 사회간접자본 투자와 사회 지출 등의 예산을 삭감함으로써 은행들에게 (간단히 말해서, 즉)국가가 이자를 지급할 능력이 있다는 확신을 주는 것이다.

이런 예산 삭감 조치가 신용을 요청하는 국가의 미래 성장 전망뿐만 아니라 현재 수요에도 부정적인 영향을 끼치리라는 사실 그 자체를 은행들을 걱정할 필요는 없다(우리에게는 은행들이 가혹한 긴축 수단들 때문에 생길지도 모르는 사회적 위기와 정치적 불안의 가능성에 대해 걱정하기는 하는지, 한다면 어느 정도로 하는지 알 수 있는 명확한 지표가 없다). 그러나 여하한 종류의 공공지출을 삭감하는 조치가 낮은 성장 전망으로 이어지리라는 걸 은행들이 알아채지 못할 수가 없으니, 이런 판단에 대해 은행들은 국가 채무자들에게 높은 위험할증료(가산금리)를 부과하는 합리적인 방식으로 대응할 것이다.[38] 이런 대응은 역으로 경제

---

38 '유로본드'와 유로존 내부에 적용할 수 있는 다른 부채분담 형태들을 제안하는 사람들이 제시하는 주장이 바로 이런 악순환을 깰 필요가 있다는 걸 강조하는 것이다.

가 쇠퇴할 위험과 함께 부채가 감소하는 속도에 비해 상대적으로 GDP가 더 급격하게 감소하여 GDP 대비 부채비율을 증가시킴으로써 비관적인 예상에 들어맞는 결과를 만들어 낼 것이다. 은행이 국채 이자를 지급하기 위해 과세 기반을 창출하는 방식으로 경제를 운용하는 국가의 재정적, 정치적 역량에 달려 있는 셈이다. 그러나 물론 이런 생각은 은행이 하는 전략적 계산의 지평을 넘어서는 것일지도 모른다.

은행과 국가 간에 존재하는 이런 파멸의 순환 고리를 깨려면 은행동맹, 즉 또 다시 파산한 은행들을 구제해야 하는 재난으로부터 국가를 보호하는 안전장치가 필요하다는 인식이 설득력을 얻고 있으며, EU 내에서도 널리 동의를 얻고 있다.[39] EU는 사실상 일종의 이런 동맹을 2013년 12월에 이미 채택했다. 지나치게 복잡하고, 은행 부문 전반을 수용하지도 못하는 데다, 제공하겠다는 중기적 보증은 허황되며, 재원 규

---

39 독일 재무장관인 볼프강 쇼이블레의 2013년 발언에서 이런 상황을 다시 맞닥뜨려야 한다는 데 대한 공포가 명확히 드러난다. "우리가 행여라도 2008년과 같은 위기를 다시 만나야 한다면, 위태로워지는 건 비단 시장경제뿐만 아니라 모든 서구 민주주의 사회형태들일 것이다." (2013년 4월 4일, 〈쥐드도이체 차이퉁〉과의 인터뷰, 영문 번역은 저자.)

모도 불충분하다고[40] 도처에서 비난을 받고 있긴 하지만 말이다. 파산한 은행을 구제해야 하는 상황이 오면 이 동맹이 제공하는 완충장치가 국가와 납세자를 보호할지도 모른다. 이런 목적을 달성하려면 은행들이 '무책임하게' 위험한 투자를 시도하거나 과도하게 레버리지비율을 늘리지 않도록 감독해야 한다. '뱅크런'이 발생하지 않도록 예금은 보험에 들어야 한다. 그리고 은행들 중 '썩은 사과'는 은행들이 스스로 출자하여 적립한 (고작 550억 유로밖에 안 되는)기금을 (2026년이나 돼야 완전히 비용을 댈 수 있는)재원으로 삼는 부실은행 정리 기제에 따라 제거되어야 한다.

국가 대 실물경제

재원 조달 면에서 볼 때 국가는 세금국가에서 부채국가로 변모

---

40 파이낸셜타임즈는 "대형 은행 파산은 가용 자원을 축소시킬 것이다"라고 언급했다. (알렉스 바커, 2013년)

했다. 이 점진적인 변화는 국가의 지출 원인행위obligation도 변화시켜 신용 비용에 대한 지출이 성장과 고용에 대한 지출을 밀어내는 결과를 동반한다. 이런 현상은 첫째, 이동성이 높은 부富가 자신에게 가장 우호적인 재정 정책을 펴는 곳을 고를 수 있도록 허용해주는 국가 간 세금 경쟁 탓에 주요 재정 수입원인 (직접)과세에 의한 수입이 불가능해질 때와 둘째, 해당 국가에게 재정 분담금과 신용보증을 제공하고 있는 다른 국가가 지원 조건으로 긴축재정과 퇴행적인 분배 '개혁' 정책을 내걸 때를 전후하여 일어난다. 긴축이 과세 기반은 줄이는 반면 GDP 대비 총부채비율은 늘리는 영향을 준다고 알려진 바대로, 세금 경쟁과 긴축 조건 모두가 성장과 고용을 늘리는 계획에 쓸 수 있는 국가 자원을 대폭 줄여버린다. 실례를 하나만 들자면, 트로이카가 내건 조건부 제안을 따른 그리스는 2013년에 재정 흑자를 기록했지만 GDP 대비 총부채비율은 2012년 156.9%이던 것이 175.7%로 상승했다. GDP 감소 때문이었다! 다른 말로 하자면, 외부에서 부과한 긴축 압박에 시달리는 고부채 국가들은 재원을 과세 기반을 늘리는 계획 이외의 다른 용도에 사용할 수밖에 없게 되고, 그 결과 더욱 심하게 신용에 의존하게 된다. 이것이 (과세가 아니라)

신용 방식으로 조달되는 재정에 대한 국가 의존도를 악화시키는 파멸의 순환 고리다. 이 순환을 깰 수 있는 대책의 유형으로는 유로본드 또는 그와 유사한 장치들을 통한 채무분담이 자주 제시된다(그러나 '도덕적 해이' 논란을 촉발하며 '핵심' 회원국들의 격렬한 저항을 받고 있다). EU 전체의 법인세를 일치시켜 자본 도피에 제한을 두거나 또는 자본 이동성에 (한시적인)제약을 두는 것도 도움이 될 것이다. 이런 모든 조치들이 시행된다면 막대한 부채를 짊어진 국가들이 수요를 끌어올려 과세 기반을 확대하고, 궁극적으로는 부채가 부채를 부르는 조건에서 탈출할 수 있게 해줄 예산항목에 재정 자원을 사용할 수 있을 것이다. 또한, 유럽중앙은행이 민간은행들에게 제공하는 우대금리 대출에 투기적 투자와 국채보다는 건실한 금리로 민간 투자와 소비에 융자되어야 한다는 조건을 달 수도 있을 것이다. 그러나 이런 치료책들은 모두 (재정협약의 경우가 그랬던 것처럼)정부 간 조약이 아니라 상당한 재분배효과들을 내포한 의사결정을 내릴 수 있을 만큼 충분한 정통성을 가진 초국가적 권한기구에 의해 제정되어야만 할 것이다.

국가 대 시민

초국가적 위기 정책들이 정통성이 약하고 효과가 낮을수록 더 많은 유권자들이 등을 돌리고 범유럽적 정책들에 대한 지지를 철회할 것이다. 그러나 유권자들이 등을 돌리면 돌릴수록 신뢰를 잃어가는 유럽 단위에 개선책을 들이댈 수 있는 기회 또한 더 희박해질 것은 자명하다. 해야 할 일은 회원국들 내부의 민주적 지지가 부족해 할 수 없고, 할 수 있는 일은 위기 탈출 방안으로는 무력한 데다 가끔은 그 자체가 위기를 강화하기도 한다. 문제는 일종의 '시간 불일치 현상'이다. 정치지도자들이 보다 멀리 보자고 유권자들을 설득할 수 없으면, 장기적으로 가능성이 있는 전략을 수행하는 일은 단기간에 청신호를 던져주는 모종의 성과에 집착하는 '현재주의' 유권자들에 의해 가로막힌다. 이와 유사하게 우리는 '공간 불일치 현상'[41], 또는 일국의 유권자들이 정책 수립을 위해 전략적 계산을 할 때 '아주 멀게' 느껴지는 다른 국가와 지역을 고려 대상에 포함시키지 않으려 하는 불합리

41 헨리크 엔데를라인, 2013b.

한 '지역주의' 경향을 지적할 수도 있다.[42] 유권자들의 시야를 시공간적으로 넓혀야 하는 과제 앞에서 항복을 선언하는 정당들을 보면, 명백히 불합리한 '현재주의'와 '지역주의' 측면에서 정당들은 그 어느 때보다 유권자들과 비슷해지고 있다.

"회원국들은 과도한 국가부채를 피해야 한다"[43]라는 경건한 규정을 예로 보더라도, 법률 제정을 통해 이런 다양한 모순들과 파멸의 순환 고리를 멈출 수 있다고 믿기는 상당히 어렵다. 회원국들이 이 규정을 엄격하게 따르면 GDP 대비 부채 부담이 실제로 증가한다는 사실은 다시 한 번 반복해서 강조해도 지나치지 않다. 실행력뿐만 아니라 민주적 정통성을 결여한 탓에 EU의 정책적 역량이 취약하다는 점을 감안한다면, 유로가 유럽의 민주자본주의를 더 자본주의적이고 덜 민주주의적이게 만들어왔다고 결론 내는 편이 맞을 것이다. '국가에 속한 시장'이 '(금융)시

---

42 하나의 예는 주변부 국가로부터의 유입되는 숙련 노동자 및 인적자본이 훈련비용과 노동비용 면에서 아주 유리한 조건으로 숙련 노동자 부족 문제를 극복하는 데 도움이 된다고 기뻐하는 핵심 국가의 도취감을 들 수 있다. 경제 회복에 꼭 필요할 숙련 노동자들을 잃는 반대쪽, 이름하여 송출국들의 입장을 포함하여 완전한, 덜 '지역주의적인' 평가가 이루어져야 할 것이다.

43 〈EU 기능에 관한 조약〉 제126조 1항.

장에 속한 국가'로 전환되고, 그 국가가 다소 무방비하게 시장의 우연성에 노출되는 과정에서 유로는 조력자 역할을 담당했다.

국가 경제가 위기에서 회복되고 있음을(또는 그 반대를) 나타내는 두 가지 주요 지표 중 하나가 연간 GDP 대비 국가부채의 비율이다. 다른 하나는 한 경제의 경쟁력을 재는 수단으로서 생산성 대비 실질임금과 임금을 뺀 노동비용의 비율로 정의되는 단위노동비용이다. GDP 대비 국가부채 비율에는 다음의 이중적 경향성이 적용된다. 국가재정의 지출 구조에 따라 (정확하게 알 수 없는)어떤 한계까지는 국가부채가 증가하는 것이 사회간접자본 등등의 공급과 이전소득 및 공공서비스를 통한 수요 안정화를 통해 경제성장에 도움을 줄 수 있다. 그러나 부채는 이자와 원금 상환을 요구하므로, '높은' 수준의 부채는 그런 종류의 지출 탓에 성장을 끌어올릴 수 있는 국가의 능력을 떨어뜨린다. 또한 '높은' 수준의 부채는 금리를 인상시켜 국가의 지급 능력을 위태롭게 하고, 채권자들의 이해관계뿐만 아니라 공통화폐의 생존까지 위태롭게 만든다. 다른 한편, '부채준칙'과 외부로부터 강제된 다른 긴축 수단들은 부채로 충당되는 국가 지출이 성장을 촉진하던 효과를 더 이상 보지 못하도록 막아 성장을 위협하고 더 비싼 부채를 얻는 것보다도 못한 상황을 만들어버릴 것이다. 설상가상으로 정책수립자들에게는 딜레마에서 벗어날 '최적의' 방법을 찾을 수 있는 계산법 따위도 없다. 그보다 오히려, 채택되는 해법이란 건 어느 것이든 일차적인 관심이 통화를 구하는 데 있는 초국가 주체들과 국내 성장과 고용을 늘리려 애쓰는 국가 주체들 간의 권력관계를 반영하게 될 것이다.

다른 주요 지표인 단위노동비용은 수출과 수입의 균형을 맞출 수 있는 회원국의 능력을 측정한다. 무역적자가 있는 나라가 그 균형을 개선하려 할 때는 '보통' 자국 통화의 환율을 조정하거나 수출보조금이나 수입 규제(관세, 할당량)와 같은 정책들을 동원한다. 그러나 공통시장과 유로는 콕 집어서 국가들이 이런 '보통' 통치권을 행사하지 못하도록 설계되었다. 경제 '현대화'라는 명목으로 국가들이 정책 연장통에서 이런 도구들을 꺼내 쓰는 걸 금지한 것이다. 그 결과, 무역적자를 바로잡아야 할 경우에 당길 수 있는 주요 지렛대는 단위노동비용만 남게 된다. 노동생산성을 올리거나 실질 노동비용을 줄이는 방식이다. 노동생산성 향상은 다른 무엇보다도 훈련과 연구개발, 사회간접자본에 대한 공공 지출을 필요로 하고, 실질노동비용 감소는 임금 삭감과 함께 연금과 같은 임금에 관련된 사회지출 삭감을 필요로 한다. 국가가 재정적, 또는 정치적 실행 능력이 없어 둘 중에 어느 것도 실행하지 못할 경우, 그 국가의 무역은 만성적으로 적자를 보게 되는 경향이 있다. 만약 그런 상황인 데다 영구적으로 국내 자원 소모가 국내 생산을 초과하는 일이 벌어진다면, 무역적자국은 상대 무역흑자국이 해당 국가로부터 취득하는 금융자산 규모에 상당하는 자본을 수출하는 셈이 된다.[44]

유로 통화 권역은 다른 많은 측면 중에서도 실질임금 발달 정도와 생산성 측면에서 고도로 이질적인 공간이다. '현대화'와 '융합'에 대한 특유의 압박에도 불구하고 언젠가는 여러 회원국들의 경제가 경쟁력 면에서 유사해지리라는 전망, 즉 지금의 회계 적자 또는 흑자가 제로에 근접하게 될 것이라는 전망은 완전

---

44 한 나라가 다른 나라의 경제와 통치 조직을 통제하기 위해서는 군사적 수단으로 그 나라를 점령해야 하는 게 이전의 경우였다. 이런 일은 더 이상 필요하지 않다. 오늘날에는 여전히 특정한 나라를 대부분 통제하면서도 완벽하게 평화로운 관계를 유지할 수 있다. 그저 영구적인 무역 흑자 상태를 유지한 채 (긴축과 '개혁' 조건부를 통해, 그리고 그 나라의 높은 부채비율 덕분에)그 나라의 재정 및 다른 입법 자치권을 박탈함으로써 정치적 주권을 파괴해서 점점 더 많은 경제적 자산을 착복하는 방법으로 말이다. 계획적이든 의도치 않은 결과든, 결과는 '배후지로 주변부를 거느린 독일 제국'의 창출이 될 것이다.

히 비현실적이다(그리고 바람직하지도 않다). 그리스의 국제무역 수지가 균형을 이루려면, 그리스의 수출 품목들은 유로 가격으로 적어도 40% 정도 싸져야 한다. 반면에 독일의 수출 흑자를 제로로 줄이려면 독일의 수출품들은 20% 정도 비싸져야 할 것이다[45](덧붙이자면, 2011년 독일의 GDP 대비 수출 흑자 규모는 중국의 두 배에 이른다). 그러나 이렇게 국제무역의 균형을 맞추는 일은 상상하기도 힘들다. 자신들의 이해관계를 방어하고자 애쓰는 그리스 노동자와 연금생활자, 정당들이 이런 일이 일어나도록 허용하지 않을테고, 독일의 고용주들이나 누가 됐든 독일의 재무장관도 마찬가지 입장일 것이다.

그럼에도 불구하고, 게다가 독일 경제가 유로의 존재로부터 얻어내는 막대한 이익을 감안한다면, 정권을 누가 잡더라도 독일 정부로서는 유로 클럽의 회원국 어딘가가 채무 불이행을 선언하여 공통화폐 체제가 무너지는 사태를 막을 수만 있다면 필요한 일은 무엇이든 할 수밖에 없으리라고 예측하는 것도 그리 과도하게 무리해 보이지는 않는다(그렇게 말한다거나 특히 그렇

45 볼프 셰퍼, 2013.

게 하겠다고 약속하는 게 중요한 게 아니라, 실제로도 무엇이든 한다는 점, 그리고 그렇게 해야 한다는 걸 말 안 해도 알고 있다는 데 방점이 있다). 유로라는 통화 덕분에 독일 경제는 쾌락에 후회가 뒤따르지 않는 이상적인 세계, 즉 수출 흑자가 자국 통화의 절상으로 이어지지 않는, 그래서 아무런 제약도 받지 않고 계속해서 수출 흑자를 낼 수 있는 세계에서 살 수 있게 되었기 때문이다. 피해를 보는 누군가가 있긴 하지만 '국가별' 통화라는 게 더 이상 존재하지 않기 때문에 수출 흑자는 끝없이 유지된다. 이제 수출 흑자국에게 남은 일은 적자를 메울 자금을 패자에게 융통해주거나, 적자국이 진 부채를 어떤 형태로든 분담하는 데에 반대하는 국내의 정치적 저항 때문에 이 방안을 시행하는 데 실패할 경우에는 유로존의 무역적자국들로 하여금 (임금 및 이전소득 삭감을 통한)내부적 평가절하와 긴축으로 이루어진 '개혁' 조치들을 채택하도록 강제하는 일 뿐이다. 그러나 자금 융통이 됐든 긴축 및 개혁 요구가 됐든 하나 같이 적자국에서 정치적 저항을 겪고 있는 데다 그 자체가 수출적자로 고통 받는 유로 국가들의 무역 입지를 다시 세우는 데 도움이 되지 않을 듯하니, 순수출국에 유리하고 순수입국에는 손해와 고통을 안겨

주는 단위노동비용의 차이는 다른 방향에서 좁혀져야만 한다. 주변부의 단위 비용을 더 낮추는 것이 아니라 핵심의 단위 비용을 더 높이는 방식으로 말이다. 다른 나라에 무역 적자를 메울 자금을 빌려주거나 반생산적인 내부적 평가절하를 강요할 것이 아니라, 세계적으로도 극단적인 수출 흑자 경제 사례인 독일은 사회간접자본 투자와 공공 서비스 증대를 의미하는 자국 노동 및 공공 부문에 대한 내부적 평가절상을 감행하고 임금 인상을 통해 소비자 수요를 강화하는 한편, 최저임금과 소득상한선, 부유세율을 인상해야 할 강력한 이해관계를 가지고 있다. 이런 수단들은 모두 독일의 노동비용은 상승시키고 (부분적으로는 2005년에 발효된 악명 높은 하르츠 법안들에 의거하여 설치된 저임금 산업 부문에서 비롯된)수출 비교우위는 낮추게 되는 반면, 주변부가 독일 소비자들에게 상품을 수출하고 독일의 사회간접자본 투자로 발생하는 노동력 수요로부터 이익을 얻을 수 있는 기회를 창출함으로써 주변부의 무역 비교열위 일부를 보상하는 데 도움을 줄 것이다. 가장 중요한 것은 아마도 이런 조치들이 '그들'에게 대가를 지불해야 한다는 흑자 국가 내부의 정치적 공포를 '우리'를 대접한다는(그러는 와중에 부수적인 효과로 적자국이 재화와 용역을 해외에 팔 수 있는 능력이 신장된다는) 정치적 호재로 대체할 수 있다는 점일 것이다. 저명한 무역 전문가인 프레드 벵스턴[46] 같은 미국인 논평자들이 주장했듯이, 독일은 공통화폐를 보전해야 한다는 생사가 걸린 이해관계를 추구하면서 패자들에게 적자를 메울 자금을 꿔주는 방안만 제시하는 짓을 그만둬야 하고, 결국에는 그만두게 될 것이다. 대신에 독일은 (유로존 내부에서뿐만 아니라 독일 내부에서도)훨씬 인기 있는 내부적 조정 전략, 즉 수출 중독이 덜한 경제로 전환하려는 자발적인 노력으로 시선을 돌릴 것이다. 정치적 통합 측면에서 엄청난 비용을 들여가며 그리스나 여타 다른 나라들에게 임금과 연금을 삭감하라고 강제하느니 EU 전체의 경제적, 정치적 이익을 위해 독일과 다른 핵심 국가들의 임금과 공공 지출을 늘리는 편이 낫지 않을까?[47]

---

46 프레드 뱅스턴, 《구두 의사소통》, 베를린, 2014년 6월 10일.

47 이런 의미에서, 앤드류 와트(2014년) 외 다수는 2013년 11월의 독일연정협약을 희망적으로 바라보며 이것이 '독일에 좋은 것이 유럽에도 좋을 수 있다'는 논리를 암묵적으로 따르고 있다고 주장했다. http://www.social-europe.eu/2013/11/german-coalition-agreement/

제 4 장

원점 회귀는 없다

'잘못된' 통화지역*에 구축되었다는 것과 충분한 정책적 역량을 부여받지 못했다는 것 외에도 세 번째 결점이 있다. 온갖 현실적인 측면들을 고려한다면, 간단히 취소하고 이전으로 되돌릴 수 없는 것이 유로통화 체제라는 점이다. 나는 두 가지 주장으로 이 (논란이 많은)시각을 방어해보려 한다. 첫째, 국가별 통화로 회귀하거나, 유로존을 두 개 또는 그 이상의 통화 지역으로 쪼개거나, (예컨대 '그렉시트'에 의해)회원국들이 일방적으로 유로존에서 철수하는 일이 벌어질 경우, 그에 얽힌 사안들의 복잡성과 위험은 감당한다는 생각 자체가 터무니없게 느껴질 정도

---

* 최적통화지역(Optimum Currency Area)은 단일 화폐를 공유했을 때 경제적 효과가 극대화되는 지리적 지역을 뜻하는 경제학 용어다. 화폐를 통합하거나 새로운 화폐를 창출할 때 최적 조건들을 규명할 때 사용되며, 특정 지역이 경제통합의 마지막 단계 중 하나인 화폐동맹을 구성할 준비가 되었는지를 논할 때 자주 사용된다. — 옮긴이

의 수준이다. 탈출 또는 붕괴가 일어날지도 모른다는 가능성 때문에 (각국의 은행 부문뿐만 아니라)권역 내 모든 회원국들이 공포에 떨고 있다. 둘째, 전적으로 이 이유 때문이라고 보기는 어렵지만, 부분적으로는 이러한 위험들과 복잡성의 결과로 지금 유로존에 참여하는 국가들 중에 (북쪽도 남쪽도, 엘리트들 수준에서도 대중 수준에서도)유로를 폐기하는 데에 관심이 있다고 분명하고 명확하게 밝힌 국가는 없다.[48] 첫 번째 항목에서도 봤듯이 유로 폐기는 하룻밤 사이에 벌어지는 깜짝쇼로 기획할 수 있는 성질의 것이 아니다. 사실상 유로 폐기는 조약에도 관련된 법적 절차가 표기되어 있지 않은, 유례가 없는 작업이 될 것이기 때문이다. 유럽연합조약 제50조가 회원국이 EU를 탈퇴하고자 할 때의 절차를 기술하고 있기는 하지만, 한 국가가 EU에 잔류하면서 유로존을 탈퇴할 수 있는 방법은 없다. 심지어 그런 의사가 공개적으로 제시되는 순간에도, 금융자산을 소유하고 있는

---

48 공통통화와 공통시장이 이미 추진시켜 놓은 분업의 범위는 규모를 알 수 없는 막대한 비용을 들여야만 되돌릴 수 있다. 오늘날 아우디 차를 '독일' 제품이라 부르는 건 총체적인 왜곡이다. GM 차를 '미시건' 제품이라 설명하는 것만큼이나 사실이 아니다. 두 경우 모두 제품을 구성하는 부품들이 다양한 곳에서 만들어지는데, 그 과정을 조율하는 데 있어 단일통화는 실질적으로 절대적인 필요조건이다.

자들에게는 예상되는 손실을 피해 다른 통화로 갈아탈 시간이 충분할 것이다. 한 국가가 탈출하면, 국채를 보유한 은행들은 다른 국가들도 그 뒤를 따르리라 예상하게 될 테고, 은행들이 다음 후보자(들)를 대상으로 투기를 시작하자마자 예상이 현실로 되는 사태가 벌어지게 되는 것이다. 만약 현재 유로존 회원국 모두가 동시다발적으로 국가별 통화로 복귀하는 일이 벌어진다면, 18개 유로 국가들 간에 최소한 153가지 환율이 시간적으로 정확하게 동일한 시점에 확정되어야 할 것이다. 아니면 한시적인 통화 병행 체제가 구축되어야 할 텐데, 이런 체제는 모든 종류의 비협조적인 도박에 취약하게 마련이다.

결점이 있는 통화 지역에 유로를 시행한 것이 기본적으로 엄청난 실수였다는 판단에 대부분의 회원국들이 동의한다 해도, 그냥 그 실수를 취소해서 원상태로 되돌려버리자는 의견에도 지금은 똑같은 판단이 적용된다. 법적으로 봤을 때, 신입 회원국들이 가입 시점에 했던 서약에는 각자의 경제를 마스트리히트 기준이 처방한 대로 유로존 회원에 걸맞은 방식으로 변환시키겠다는 약속이 포함되어 있다. 그 대가로 신입 회원들은 '결합'과 '융합'의 궤적을 따라 국가 경제의 생산성과 경쟁력을 높이는 데 (지금으로 봐서는 대체로 비현실적이라 판명되었지만)도움이 되리라 여겼던 EU기금의 금융 원조를 받을 수 있는 권리를 부여받았다. 상호간의 약속이 정지된다면, 우호적이지 않은 경제적 결과가 산사태처럼 밀어닥칠 것이다. 통화정책을 재국가화하면 주변부 국가들은 각자의 통화를 평가절하해야 할 테고, 그러면 그동안 쌓아놓은 유로화 부채의 이자를 갚는 데에 더 큰 어려움을 겪게 될 것이다. 또한 민간 금융업자들은 아직 유로를 떠나지 않은 회원국들에 대한 압박(가산금리)을 가중시킬 터이고, 종국에는 무역 흑자국들의 경제마저도 위협하게 될 것이다. 유로 잔류국들에 대한 압박 증가로 무역 흑자국들의 수출 시장 중 상당 부분이 떨어져나갈 것이기 때문이다. 게다가 유로를 포기하면 EU법의 규제 체제 역시도 버려야 할 처지에 몰리는데, 유로를 포기하자마자 EU법의 규정들을 따르는 일이 감당할 수 없는 일이 되어버리기 때문이다. 유로존 해체와 그에 따른 불가피한 중기적 결과로서의 EU 해체는 경제적 해일일 뿐만 아니라 정치적 퇴행에 상당할 것이다.

유로가 되돌아갈 수 없는 지점을 넘었음을 주장하는 두 번째 의견은 이보다 더 단호하다. 이상하게 보일지는 모르겠지만, 무역 흑자국과 적자국 양쪽의 유럽인들 모두가 일단 유로를 채택한 뒤로는 유로를 고수하는 것이 합리적인 이해관계를 추구하는 일이라고 한 목소리로 말한다는 점이다. 선거에서는 잘 먹히지만 정책으로는 연결되지 않는 포퓰리즘적 호소들이 일부 섞여 있지만 말이다. 유로가 제공하는 기회들과 유로 해체 시 예상되는 위험들을 간단한 대차대조표로 만드는 것만으로도 핵심국가나 주변부 국가 할 것 없이 모든 정치, 경제 엘리트들의 머릿속에는 다음과 같은 그림이 그려진다.

핵심이 갖는 기회

핵심 국가들은 몇 가지 방법을 통해 유로의 불균형성과 내적인 분리, 유로가 주변부 국가들에서 유발한 경제위기까지 포함한 유로체제에서 직간접적인 이득을 취했다. 그중 하나는 안전한 금융 투자처를 찾아 핵심으로 몰려드는 값싼 자본의 유입이다. 다른 하나는 대외적으로 저평가된 유로의 환율인데, 이 때문에 순수출국들은 EU 바깥의 무역 상대국들과 거래할 때에도 순수출국의 지위를 유지할 수 있었다. 유로가 해체될 경우, (독일과 같은)핵심의 흑자국들은 새로이 채택하게 될 독일 마르크의 가치가 천장을 뚫고 치솟아 수출과 수출로 주도되는 성장 잠재력이 급감하는 상황을 보게 될 것이다. 또한 유럽중앙은행이 모든 유로 국가들에게 무차별적으로 지급했던 초저금리 신용은 흑자국들이 예산 균형을 맞추는 데 도움이 되었다. 유로가 적자국 통화정책 수립자들의 손발을 묶어 예전처럼 자국 통화를 방어하는 조치들을 취하지 못하도록 만들어서 흑자국들의 해외 투자를 보다 예측 가능하도록 만들어주기 때문에 흑자국들의 입장에서 보면 유로가 유지된다는 것은 하나의 자산을 보유하는 것과도 같다. 이런 이유들 때문에 지금 유로존에 참여하지 않은 EU 회원국들 내부에도 유로존에 가입하기를 열망하는 일부 산업 엘리트들이 제법 있는 것처럼, 핵심의 정치, 경제 엘리트들은 유로를 구하고 방어하는 일에 꿋꿋하게 헌신한다. 그러므로 그들은 통화를 방어하기 위해서라면 어느 정도의 '희생'은 마다하지 않아야 한다는 충분한 근거를 가지고 있다.

핵심이 갖는 위험

만약 다른 국가들이 유로를 탈출한다면, 주변부 경제들은 평가절하 때문에 핵심이 수출하려는 것들을 더 이상 수입할 수 없게 될 것이다. 산업 건전성만 따져 보더라도 미래고객이 파산하도록 내버려둬서는 안 된다는 충고가 따를 것이다. 또한, 주변부 국가 하나가 떠나면 금융시장은 다른 주변부 국가들에 대해서도 의심하기 시작할 테고, 앞서 말한 바와 같이 핵심 국가의 은행들마저 위험에 빠뜨릴, 통제할 수 없는 자기 충족적 예언의 역학을 촉발할 것이다. 물론 핵심 국가의 유권자들이 유로, 부채 분담, 유로 방어에 수반될 위험 등에 반대하는 방향으로 움직일지도 모른다. 그러나 (당연히 일련의 가혹한 조건들이 붙을)부채 분담이라는 방안이 여전히 납득할 수 있을 만한 방안이라는 확신을 '북쪽' 유권자들에게 심어주는 데는 부채를 분담하지 못했을 때야말로 더 큰 비용이 소요될 것이라는 이 주장이 효과가 있을 것이다.[49] 지금까지 이 주장은 대체로 그 목적을 달성해왔다. 이

49 베르텔스만재단, 2012.

주장은 아주 신중한 고려를 거쳐 나온 것이지 연대해야 한다는 의무감에서 나온 것도 아니다. 유럽안정화기구가 제도화됐을 때처럼, 은행업계도 불안에 기초한 이런 초국가적 위험분담 조치들을 따뜻하게 환영할 것이다.

주변부가 갖는 위험

유로가 사라지고 각자의 통화로 돌아가게 되면, 주변부 국가가 새로 채택하게 될 국가 화폐는 상당히 평가절하될 것이다. 그러면 유로화로 표시된 부채에 대한 부담이 현저하게 높아져 나라마다 엄청난 경제적 피해가 발생하게 되므로 즉각적인 채무불이행 선언을 할 수 밖에 없는 처지에 몰리게 된다. 평가절하는 수출 가격을 떨어뜨리는 데 그치지 않고 수입 가격 상승으로도 이어진다. 수입 가격 상승효과는 수입품의 가격탄력성에 따라 인플레이션 위험을 동반하며 평가절하로 얻을 것으로 예상했던 애초의 수출우위마저 파괴해버릴 수 있다. 인플레이션과 맞서고, 또 자본 유출과 싸우기 위해서는 이자율이 높아져야만 할 것인데, 이자율 상승은 수입 가격 상승효과와 마찬가지로 경제 회복에 반갑지 않은 충격을 던져줄 것이다. 이런저런 이유들 때문에 곤란을 겪고 있는 유로 회원국들도 유로존 내부의 무역상대국들인 핵심 흑자국들과 마찬가지로 통화동맹 잔류를 선택할 수밖에 없는 강력한 이유들을 가지고 있다.

주변부의 기회

핵심이 단일통화 해체에 대해 느끼는 합리적인 반감 측면에서 볼 때, (유로가 이미 주변부 국가들에게 끼친 엄청난 사회적, 경제적 고통에도 불구하고)유로존에 잔류한다는 건 유럽 단위에서 어느 정도 정치적 영향력을 행사할 수 있는 지렛대를 가진다는 의미이므로 주변부 국가 입장에서도 하나의 자산으로 고려될 수 있다. 적자국 하나의 이탈이 야기할 전염효과와 일어날 수 있는, 그러나 그 규모를 헤아릴 수 없는 도미노효과의 위험을 알고 있는 한, 그런 일이 발생할지도 모른다는 핵심 국가들의 공포는 적자국들이 핵심의 지원과 양보를 이끌어낼 수 있는 지렛대로 작용할 수 있다.[50] 유로존에서 이탈한 국가의 새 통화가 유로에 대해 평가절하되면 그 국가의 부채 부담이 늘어나 바로 파산하게 될 것이고, 그 국가의 국채를 보유한 전 세계 은행들은 위기를 맞게 될 것이다. 적자국들이 유럽이사회와 유럽의회, EU 각료회의, EU집행위원회, 유럽중앙은행, 유럽 언론과 노조연맹 등등에 가지고 있는 자신들의 정치적 자원을 활용하여 반생산적인 긴축 정책들을 거부하고 상대국들한테서 국가부채에 대한 분담과 구제기금인 유럽안정화기구가 위험 은행에 직접 개입하는 조치 등의 양보를 얻어내는 데(2012년 6월 EU 정상회담에서 이탈리아의 몬티와 스페인의 라호이가 사실상 성공적으로 해냈듯이) 용케 힘을 모을 수 있다면, 또 다른 잠재적 자산이 명확히 드러날 것이다. 유로존 회원국이라는 지위가 제공하는 경기장은 단일통화를 떠난 뒤에는 더 이상 접근할 수 없다. 이 경기장이 앞으로 적자국들이 공동으로 요구조건을 제시하고, 필요한 자원을 이끌어내고, EU의 제도적 계획이 가진 결점들을 정치화하여 논의하는 데에 이용될 가능성은 분명 지금까지보다는 더

50 체르슈틴 가멜린과 라이문트 뢰브, 2014, 25쪽.

많을 것이다. 무엇보다 은행들이 자신이 '시스템적으로 중요하다'라는 사실을 넌지시 비추는 것만으로 국가들로부터 자원을 뽑아낼 수 있었다면, 국가들이라고 그렇게 못할 이유가 없을 것이다. 왜 적자국들의 비엘리트들은 물론 정치적 엘리트들까지도 지금까지 함께 힘을 모아 '시스템으로 중요해지기'라는 대체 프레임을 밀고 나가지 못했는지는 수수께끼(나도 딱히 그럴듯한 답을 찾지 못하겠다고 답할 수밖에 없다)다. '독일' 위치에 있는 선수들이 왕왕 '그리스' 위치에 있는 선수들에게 '너한테 뭐가 좋은지는 내가 더 잘 알고 있다'는 가부장적 입장을 취하는데, '그리스' 위치에 있는 선수들이 형세를 뒤집어 중기적으로 봤을 때 자신들에게 좋은 것이 무엇인지 '독일' 위치에 있는 선수들에게 말하고 납득시키며 대응하는 것은 당연하다. 유로존을 탈퇴하고 나면 더 이상 그런 정치적 지렛대를 (유로존과 EU 회원국의 지위가 부여하는 경제적 이전효과조차도)이용할 수 없을 것이다.[51] 이런 고려들이 EU 통계청이 발견한 일견 모순적으로 보이는 현상, 즉 위기 탓에 EU에 대한 지지가 줄어드는 와중에도 유로존

51 루카스 추칼리스, 2014, 60쪽~61쪽.

국가들에서는 유로에 대한 공포어린 지지가 (2013년에 이미 72%로 계속 높은 수준을 유지하고 있는 아일랜드를 제외하고)지속적으로 늘어나는 현상을 이해하는 데 도움이 될 것이다.

그러므로 (영국과 덴마크, 스웨덴을 제외하고 미래 어느 시점에 유로존에 참여하기로 약속하고 준비하고 있는, 아직은 바깥에 있는 8개국뿐만 아니라)유로존 회원 모두가 유로를 살려두자는 전략적 이해관계에는 이성적으로 의견을 같이 하는 것으로 보인다. 물론, 분리선 이쪽저쪽의 많은 국가들에서 유로 폐지를 요구하는 반유로 정당들과 운동들이 등장하긴 했다. 그러나 그들은 회원국 정부들이나 유럽 초국가 정책 단위에서 추진하는 것 같은 정책 수립 과정에서 (각자가 각자의 국내 정치에 미친 충격을 넘어서는)결정적인 역할을 얻을 수 있을 것 같지는 않다. 또 유로가 끼친 손해에 대해 불평할 이유야 충분하지만, 유로에서 벗어나고자 하는 각국의 비엘리트 다수들도 결정적인 역할을 얻지 못하기는 마찬가지일 것이다.

요약하자면, 통화 재개편에 따르는 기술적인 문제들을 처리할 수 있다 하더라도, 새로이 생겨난 유럽 분리선의 이쪽 저쪽은 모두 통화 재개편으로 잃을 것이 많으므로 통화 재개편에 저항

한다. 짧게 말해서, 모든 참가자들의 입장에서 봤을 때도 유로는 실수를 원점으로 돌리는 것이 더 큰 실수가 될 실수다. 애초의 실수는 공통통화가 상당한 정도의 경제적 동질성을 가진 통화 지역을 전제로 삼고 있다는 사실과 관련되어 있다. 상당한 정도의 경제적 동질성을 가진 통화 지역이었더라면 어쨌든 융합을 권장하고 융합에 대한 희망을 믿을 만하게 만들 수 있는 효과적인 도구가 되었을 것이다. 그러나 유럽 단위의 재정적, 경제적, 사회적 정책을 수립해야 할 정당성을 가지고 있지 않았던 탓에, 유로는 운용 과정에서 참여국들 사이에 점점 큰 간극을 만들어냈다. 그러나 유로가 만들어낸 불화에도 불구하고, 유로체제는 승자와 패자 모두가 지속되어야 한다고 이성적으로 지지하는 통화체제다. 비록 지지하는 이유는 제각각이지만 말이다. 한쪽으로 기울어진 통합이지만 원점으로 되돌릴 수는 없는 지금의 상황이야말로 이제껏 아주 불완전했던 초국가 단위의 정책 수립 기제가 폐기되기보다는 완성되어야 한다는 점, 특히 초국가 단위의 정책 수립 기제가 유럽에 위기를 극복하고 위기 재발을 막는 수단들을 안겨줄 수 있는 (잘못 설계된 지금의 구조 안에서는)필수불가결한 장치임을 알려준다.

제 5 장

정치적 대리자를 찾아서

EU 역사를 보면 정책 결정 과정에 대한 참여 요구와 적절한 대표성 여부에 대한 시비가 일어나도록 유럽 시민들을 자극하거나 너무 많은 관심을 끌지 않으면서도 갈수록 더 많은 당면 문제들에 대한 해법들을 찾아내야 하는 유럽 단위 엘리트들의 새로운 필요가 '보다 밀접한' 통합을 추동할 것이라는 믿음이 널리 퍼져 있었다. 신기능주의적 통합이론에 따르면, 충돌이 일어날 때마다 부정적인 낙수효과를 피하는 데 필요한 통치권 양도와 새로운 긴급 협력 형태가 눈에 띄지 않게 거의 자발적으로 강화됨으로써 그 충돌을 해결해 나간다(그리고 실제로도 종종 그렇게 해결해 왔다).[52] 통합은 한 단계씩 나아가며 더 강한 통합에 이르는 길을 닦는 사회적 주체들을 만들어내고, 비뚤배뚤 가면서도

---

52 고전 자료는 에른스트 B. 하스, 1961.

전체적인 과정을 거꾸로 되돌릴 수 없도록 만들 것이다. 이런 형태의 통합 과정이 요구하는 정통성은 '결과'의 정통성이다. 기술관료적 의사결정자들이 상대적으로 논의를 거치지 않고 주의도 끌지 않는 정책들을 인민들을 '위해' 계속해서 생산해내면서 얻은 정통성이다. 그러나 이 정책들은 아무리 좋게 말해도 인민들에 '의해' 만들어졌다고는 할 수 없다.

지금의 금융 위기와 그와 관련된 유로, 재정, 경제 위기들은 이런 논리가 더 이상 적용되지 않는 EU 역사상 첫 사례들이다. 회원국 정부들은 '기능상' 필요해 보이는 정도로는 더 이상 통치권을 위임하고, 공동자금을 출자하고, 협력 작업을 하려 하지 않는다. 신기능주의 방식이 토대로 삼고 있는 거의 자동적인 순응에 대한 자신감과 그 기초가 된 유권자들의 '묵인된 공감대'가 더 이상 보증을 받지 못한다. 그러기엔 관련된 이해관계들이 너무 크게 자랐고, 신기능주의적 자동항법 기능 대신에 '진짜' 대리자가 개입하여 '정치적인', 즉 순응적이기보다는 전략적이고, 진취적이고, 논쟁적인 행위에 참여할 필요가 있다.

위기 상황 자체가 지금까지 도달한 통합이 앞으로도 지속될 수 있는가라는 향후의 가능성과 지속 타당성에 관해 아주 기본적인 문제들을 제기한다. 위기관리에 관한 정책 결정들이란 게 자원에 대한 서로 상충되는 요구들과 재분배 문제들을 포함하므로, 서로 상충하는 이해당사자들의 이해관계는 민주적 절차를 통해 '투입' 정당성을 이끌어내는 제도적 기제를 통해 처리되어야만 한다. 여기서 핵심적인 질문은 '그런 정치적 대리자가 어디에서 나올까', 그리고 '무엇이 그럴 마음을 먹게 만들까'이다.

다른 한편으로 보자면, 오랜 세월 동안 통합을 심화한다는 꿈을 지켜오던 엘리트들과 비엘리트들 중에서 위기와 미완의 통합 프로젝트를 파괴하겠다고 위협하는 날로 세력을 더해가는 우파 포퓰리즘 정치세력들의 공격을 무릅쓰면서까지 EU 단위에 재정 및 경제 관리 역량을 구축하는 과제를 자신의 명백한 책무로 삼고 긴급 구조 작업에 돌입한 EU광들이 얼마나 적었던가(지금도 줄어들고 있다). 다음의 글에서 나는 이 질문에 대한 몇 가지 답들을 검토할 예정이다. 더 심화된 정치적 통합으로 나아가는 것이 유럽인들이 기본적으로 동의하고 있는 공동의 약속이라 볼 수 있을까? 주요 정치 세력들과 장기적인 경제적 이해관계들 사이의 동맹은 위기를 끝낼 수 있는 강력하고도 널리 지지를 받는 전략들을 이끌어낼 수 있을까? 유럽중앙은행이나 유럽이사회, EU집행위원회, 유럽의회 같은, EU가 지금까지 획득한 제도적 레퍼토리 안에서 그 대리자가 나올 수 있을까? 아니면 혹시라도 위기 이후의 EU를 건설하는 책임을 질 의향이 있는 일국 또는 소수 국가 집단이 발휘하는 단호한 선의의 리더십이 그 대리자가 될 수 있을까?

2014년 5월에 실시된 유럽의회 선거는 어떤 유형의 대리가 될지에 대해 아무것도 명확하게 내놓지 않았다. 대신에 두 부류의 우려되는 결과가 나왔는데, 하나는 주체에 관한 것이고 다른 하나는 절차에 관한 것이다. 주체에 관한 결과는 유럽의회 내에 우파 포퓰리스트들의 표가 상당히 증가한 것과 다양한 반유럽 우파 목소리들이 새로운 힘을 얻었다는 것이다. 우파 정당들의 성장세는 프랑스(국민전선의 승리에 따른)와 영국(영국독립당 UKIP), 덴마크에서 가장 강했다. EU 통합을 제안한 사람들은 이들 우파 정당들이 하나같이 EU에서의 철수와 탈출을 요구하는 것 외에는 경제 및 제도적 위기들을 어떻게 극복할 것인지에 대한 공동의 정책이나 전략적 전망이랄 것도 없이 (부정적인)거부와 저항의 정치에만 몸담고 있다는 사실에서 약간의 위안을 얻을지도 모르겠다. 게다가 우파 포퓰리스트들은 자기들끼리도

동맹을 맺기 어렵기로 악명이 높은데, EU 통합 정책들을 비판하는 시리자류 좌파들과의 동맹은 더 말할 것도 없다. 그럼에도 불구하고 이들 세력들에게서 예상되는 강력한 방해 정치에 대해서는 유럽의회 내의 찬유럽 정당 집단들이 핵심 정책과 개혁 관련 의사결정들에 대한 동맹을 결성하여 저항해야만 할 것이고, 유럽국민당 그룹에 속한 중도우파 정당들의 유혹 탓에 제대로 저항하지 못하거나 소극적인 자기 동화 움직임으로 극우와의 경쟁에서 이기지 못한다면 침체와 마비에 직면해야만 할 것이다.[53] 또한 반유럽을 표방하는 우파 몫의 표가 가장 많이 늘어난 국가들이 거의 유일한 예외인 그리스를 제외하면 부채 위기와 사회적 황폐화의 피해를 가장 심하게 본 국가들이 전혀 아니라는 점도 충격적이다. 예상과는 반대로, 우파는 방금 언급한 세 나라 외에 독일, 핀란드, 오스트리아, 그리고 약간의 차이는 있지만 네덜란드까지 포함한 핵심 국가들에서 세력을 키우거나 유

53 '위대한 연합' 증후군으로 고통 받고 있는 유럽사회주의당(PES)과 유럽국민당(EPP) 간의 온건파 동맹과 같은 타성을 피해야 한다고 본다면, 믿을 만하고 생명력 있는 협력을 동반한 사회주의 및 사회민주주의 연합을 제시할 수 있는 가능성은 유럽의회 내의 녹색당과 연합좌파 집단의 능력에 달려 있다.

지하는 결과를 보였다. 이들 국가에서 유로존의 다른 회원들이 진 부채를 대신 갚아줘야 한다는 경제적 공포, 또는 다른 EU 회원국들로부터 유입되는 이주민들에 대한 문화적 공포, 또는 '브뤼셀'에서 기원한 '외부 규정'이라는 유령에 대한 정치적 공포 같은, 대중적 공포가 중요한 인자로 작용했음을 알 수 있다. 우파 포퓰리스트들이 태와 유로존 정책들을 반대하는 이유는 고통과 실업을 강요하기 때문이 아니라 국가 간 부채 분담 측면에서 과도하게 너그럽고 이동권에 관해서도 지나치게 자유롭기 때문(또는 그렇게 될지도 모르기 때문)이다. 또 다른 주목할 만한 주체적 결과는 단 한 나라의 예외도 없이 11개 탈공산주의 신규 회원국들이 (가중치를 두지 않은)EU 평균 투표율인 43%에 3%나 못 미치는(때로는 훨씬 못 미치는)[54] 투표율을 보였다는 증거다. 이들 국가의 유권자들에게 유럽통합이라는 쟁점은 여전히 멀게 느껴지는 이차적 문제인 것 같다.

절차적인 결과에 대해 말하자면, 서로 경계가 겹쳐 있는 세 가지 분열에 의존했던 이번 선거 결과에서 혼란이 야기되었다.

---

54 극단적 경우인 슬로바키아의 투표율은 고작 13%에 그쳤다.

EU 전체를 포괄하는 두 정당연합이 각자 후보를 지명하고 선거인들에 의해 민주적으로 최후의 1인이 선출되는 방식의, 중도좌파 대 중도우파의 결투 구조로 선거 운동이 이루어진 데다, 선거의 즉각적인 여파는 기구 간 분열(유럽이사회 대 유럽의회)로 나타났으며, 다음으로는 회원국들 간 (EU집행위원회 위원장으로 지명된 양쪽 후보를 다 반대한 영국 및 다른 회원국들과의)분열이 이어졌다. 종합하면 2014년 유럽의회 선거가 낳은 주체적, 기구적 결과들과 갈등의 유형들은 유럽의회가 수행하는 유럽 단위 정책수립 작업의 민주적 자질과 정당성, 그리고 그 대리 능력에 관해서는 좋은 전조가 되지 못한다.

제 6 장

궁극적 목적

—유럽 통합을 하나의 정치 프로젝트로 보는 근거들

위기와 위기가 불러온 좌절과 분리, 충돌, 고통 뒤에도 계속해서 '더 긴밀한 연합'을 향한 통합 프로젝트가 대중적 차원에서 바람직하다고 확고하게 여겨져야 할 이유는 무엇일까? 민족이나 종교에 따른 정체성이 아니라 법에 의해 구성된 공동체에 대한 소속감과 공동체 내에서의 연대의 의무를 키워주는 모종의 초국가적 정체성을 위해서라면 하나의 '프로젝트'로서의 유럽은 근본적으로 추구하고 희생해 볼 가치가 있다는 대중적 인식이 있어야 할 이유는 무엇일까? 지식인들 사이에서는 완전히 예상을 빗나가버린 '유로포리아Europhoria'를 극복하고 제정신을 차렸다는 티를 내는 것이 멋이 되었다. 세상에서 가장 세속화된 지역이 제 자신을 묘사하는 표현으로는 재고할 가치도 없긴 하지만, '기독교적 서양'에 관한 몇몇 개념에서 이끌어낸 유럽 '정체성'에 가장 합당하게 들어맞는 것이 EU였다. 충분한 동기와 적절한 자원을 갖춘 대리자가 누구인가를 묻는 이 핵심 질문에 대한 하나의 답은 물론 '유럽인들', 즉 엘리트와 (대다수의)비엘리트를 막론하고, 통합을 심화시킴으로써 위기를 극복하기 위해 '필요한 건 뭐든' 할(또는 감내할) 결의가 충만하고 관심이 많은 EU 시민들 자체일 것이다.

잠재적으로 통합 과정을 주도하는 다양한 목적과 열망, 길을 제시해주는 전망(모델)들은 일련의 유동적인 목표들을 설정하고, 회원국들(로 이뤄진 집단들)은 제각기 다른 우선순위를 부여하며 그 목표들을 추구한다. 이런 열망들에는 7개의 서로 다른 종류가 있는데, 어느 것이든 결코 상호배타적이지는 않다. 먼저 각각의 열망을 간단하게 설명한 다음 그 동기부여 능력을 잠식하는 것으로 보이는 몇 가지 전개 상황들을 짚어보도록 하자.

(1) 유럽 통합은 완성되었고 미래의 세계평화를 보증할 수 있다. 이 열망은 양차 대전의 기억과 유산을 배경으로 독일의 영향력을 중화하고 '독일의 유럽'을 '유럽의 독일'로 변환시키는 것을 포함한다. 유럽은 프랑스와 독일 간 평화와 협력 강화를 이끌어냄으로써 '독일을 무해하게 만들었다'[55]는 성과를 공로로 인정받을 것이다. 관련된 열망으로는 냉전 체제에서 서구 유럽

이 이겨야 한다는 공공연했던 임무를 들 수 있다. 그 임무가 유럽통합을 이끌었다.

(2) 쉼 없이 이행되는, 사회적 포섭*을 동반한 경제적 번영에 대한 약속으로서의 유럽. 이때 동기를 부여하는 가정은 완전한 시장 통합이 네 가지 시장 자유를 통해 (대부분 '작은' 국가들로 구성된 유럽의 불리한 조건을 보완해주는)규모의 경제와 경쟁 강화, 생산성 증가로 풍요로운 수확을 약속한다는 것이었다. 공통화폐는 국경을 넘나드는 상업과 생산의 거래비용을 줄이고, 국제분업을 신장하며, 국가별 통화정책 수립자들의 손발을 묶어 투자를 예측 가능하게 해주어 유럽 경제를 독일연방은행의 통화 지배로부터 해방시킴으로써 위의 가정을 보충하는 역할을 한다.

---

55 데이비드 마쉬, 2013, 1쪽.

* 사회적 포섭은 다차원적이고 복합적인 빈곤 현상을 설명하기 위해 고안된 '사회적 배제'라는 개념의 반대 개념이다. 사회적 배제 개념은 1990년 후반 들어 유럽연합을 중심으로 시민권 개념에 통합되어 민주적 법률체제와 노동시장, 복지제도, 가족 공동체 등의 사회적 제도에 접근할 수 있는 시민적 권리를 박탈당한 상태를 의미하게 되었다. 사회적 배제와 사회적 포섭이라는 개념은 빈곤과 사회적 차별이 개인이나 집단의 문제가 아니라 사회구조로부터 발생한다는 점과 빈곤이 경제적 차원의 문제일 뿐만 아니라 다양한 사회적 차원의 문제들이 작용하는 복합적 박탈과 결핍의 문제라는 점을 강조하며 주로 정책적 담론 영역에서 논의된다. — 옮긴이

(3) 유럽 시민들의 자유를 보호하기 위해 설계된 정통성 있는 정치 기구의 기본적인 기준으로서, 시민들을 대리하고 민주적으로 책임지는 정부와 법률에 의한 통치를 보호하고 권장하겠다는 제도화된 약속으로서의 유럽.

(4) 전 세계 국제관계에서 (미국의 '강성' 권력과 균형을 이루는 '연성' 권력으로서)연합된 유럽의 역할을 획득하고 다양한 미-유럽 협력 형태들이 존재하는 상황에서도 유럽 정치와 경제, 사회를 미국의 이해관계와 규범의 완전한 지배로부터 보호하려는 야망을 가진 국제정치 대리자로서의 연합된 유럽.

(5) 문화와 역사적 전통, 예술적 스타일, 언어, 정주 형태, 도시 구조 등이 상호 교환되고 영향을 주고받는 관계에 있는, 그 자체만으로 귀중한 세계적으로도 독특한 다양성의 현장으로서의 유럽.

(6) 상호 감시와 통제를 시행하는 '자체간섭주의'에 합의하는 초국가 협정으로서의 유럽. 유럽 역사에 깊이 뿌리내린 '나쁜 습관'이자 '문화적 유전자'인 위험한 유산들(인종차별 정서, 공격적인 민족주의적 태도, 주변 국가들과의 광신적 애국주의 대결, 종교 전쟁, 권위주의 체제의 유혹, 제국주의적 야망, 부패한 정치 당국 등

등) 때문에 감시와 통제를 행하는 EU 기구들이 필요하다. 이 퇴행 가능성에 맞서려면 통합된 유럽의 기구들은 법률 규정을 보호하고, 인권과 시민권을 강화하고, 유럽인들이 다른 유럽인들은 물론 그들의 역사와 대면할 수 있도록 조직하고, '좋은 통치'와 법률 규정의 최소한의 기준을 보장함으로써 '내부적인 문명화'를 담당하는 역할을 해야 하고, 할 수 있어야 한다. 유럽의 거의 자동적인 자체 감시 능력은 그 자체가 유럽 역사의 반영일지도 모른다.[56] 위기가 일어나기 몇 년 전에 나는 당시로서는 아마 너무 대담하게 들렸을 주장을 내놓았다. 유럽의 현대사가 사상사뿐만 아니라 사건의 역사까지 포함하여 다음과 같이 생각될 수 있다는 주장이었다.

---

56 서로 상충하는 구조와 서로 상쇄되는 원칙들 간의 균형 잡힌 공존과 상호 통합은 특히 유럽의 사회, 정치 사상을 이끌어온 원동력이 되어온 것은 틀림없다. 유럽의 지성사에서 교회와 국가, 게마인샤프트와 게젤샤프트, 가계와 기업, 일과 여가, 법과 도덕, 시장과 국가, 부르주아와 시토엔, 노동과 자본, 체계와 생명계, 사용가치와 교환가치, 사회정의와 시장정의, 유럽적 정체성과 국가적 정체성, 시민과 민족 등등과 같은, 짝을 이룬 무수한 개념들이 사용된 것으로도 설명될 수 있다.

최악의 범죄와 탈선과 그것 자체로 비난받아야 할 가장 정교하고 노골적인 규범적 기준이 동시에 같은 공간에서 마주쳤다. 현대사를 통틀어 유럽은 스스로에게 자기비판적인 규범적 감시의 '진짜' 대상들을 풍부하게 공급해왔다. 정반대의 것들이 동시 발생하는 복잡한 조건 때문에 유럽 국가들이 각자의 역사에서 저지른 잘못에 대해 내리는 자기비판적인 평가들은 아마도 분명 유럽 고유의 현상일 것이다. 자기보정과 자체비판 능력과 경향은 내가 아는 한 다른 어떤 비유럽 문명국들, 예를 들어 미국이나 중국, 일본 등에서는 비슷한 사례도 찾아볼 수 없다.[57]

실질적으로 모든 유럽 국민국가가 가진 역사적 전통과 현재의 문화적 양식에는 기본적인 시민성 기준을 위반하려는 경향이 분명히 영속되고 있기 때문에, 말하자면 '자체간섭주의' 방식으로 이런 경향성을 통제할 수 있는 유럽의 능력은 아주 높이 평가되어야만 한다. 예를 들어, 다수가 소수를 차별하고, 남성 중

57 클라우스 오페, 2006.

심 제도들이 여성을 차별하고, 공무원들이 민원인들로부터 뇌물을 받거나 공금을 횡령하여 치부하고, 대기업 소유주들(과두정치의 독재자들)이 공공정책과 법원의 행위를 조종하고, 정부가 비판언론이 누려야 할 언론의 자유를 침해하고, 종교 엘리트들이 법치를 통제하고, 정부당국이 난민과 망명 신청자들을 무시하거나 학대하거나 혜택 받지 못한 극빈층에 대한 구제와 의료서비스 제공을 거부하고, 경찰력이 잔인한 폭력 행위에 가담하거나, 무장한 집단들이 군사적 폭력을 일으키거나, 국민 정권이 권위주의적으로 퇴행하는 경향과 유혹, 진부한 습관들을 포함한 이 모든 일들과 또 다른 많은 종류의 위반 행위들이 EU 유럽에 없다고는 결코 단정할 수 없다. 다만 이런 일들이 실질적으로 도처에서 발생하는 유럽 외부 세계에 비해 유럽에서는 발생할 가능성이 상당히 적거나, 아니면 제재를 받지 않고 발생하기가 어려울 뿐이다. 이것이 사실이라는 점에서, 그리고 앞으로도 계속 사실일 거라는 점에서, EU는 회원국들이 자체적으로 달성할 수 있는 수준보다 더 높은 기준을 제정할 수 있는 능력과 직접적인 효과 면에서 볼 때, 시민들과 회원국들에 대한 상호 관찰과 감독, 통제를 가할 수 있는 규범적으로 가치 있는 자산으로 이해되어야 한다고 나는 감히 제안하는 바이다.

(7) 마지막으로, 가장 얄팍하고 방어적인 유럽통합 강화 주장은 이러하다. 유럽 차원의 문제들을 관리하는 데에 충분한 정도의 범위만을 대표하는 유럽 기구들,[58] 불충분하고 민주적으로 의문의 여지가 있는 (유럽중앙은행과 유럽사법재판소를 포함한)제도적 기제라도 당분간은 있는 것이 아무런 체계가 없는 것보다는 낫다. 위기는 그 위기를 극복하는 데에 필요한 EU의 민주적 자질을 계발하는 계기로도 기능할 수 있다. 위기 자체가 전 유럽에 걸친 것이라면, 효과적이고 오래 가는 위기 해법들을 내놓기 위해서라도 전 유럽에 걸친 제도적 기구들이 있어야 할 것이다.

종합하자면, 역사적으로 유례가 없는 초국가적 비국가 형식으로서의 EU가 스스로에게 부여한 임무들과 (부분적인)성취는 그 자체가 정당성과 규범적 유효성을 제공하는 하나의 거대한 서사를 형성한다. 그러나 그 타당성과 지속적으로 동기부여할

---

58 비유하자면, 고층빌딩 높은 층의 불을 끄려면 긴 사다리가 필요하다는 뜻이다. '국가적' 개입 수단들은 간단히 말해 너무 '짧다.'

수 있는 능력을 놓고 보자면, 이 서사를 구성하는 요소들은 정신을 번쩍들게 하는 임상실험의 대상이 되는 경우가 많다. (1)을 보자면, 중재 대리자로서의 통합된 유럽과 프랑스-독일 협력을 이끌어낸 성과는 대체로 과거의 안개 속으로 가라앉았다. 이들은 이미 당연하게 받아들여져야 하는 사안으로, EU가 성취해야 할 것도, EU의 공으로 돌려져야 할 것도 아니다. 오늘날 유럽에서 볼 수 있는 국가들 간 평화체제(영국과 벨기에, 에스파냐, 아일랜드와 같은 EU 회원국들의 국내적 단결과 통합에는 좀 문제가 있다 해도)는 당연하게 받아들여질 수 있는 조건이 된 듯 싶다(중동부 유럽의 신입 회원국들의 눈에는 특히 더 그렇게 보이지만, 그건 EU 덕분이 아니라 NATO 덕분이다). 그러나 EU가 회원국들 사이에 평화적 관계를 공고히 하는 데는 성공적이었던 반면, 국제 평화를 강화하겠다는 '주변국 정책'도 무색하게 동쪽 주변국들(우크라이나, 조지아, 몰도바, 아제르바이잔)과 특히 지중해와 중동, 북아프리카 지역인 남쪽 주변국들에서는 보기 좋게 실패했다. 유고연방 해체 이후에 발칸 반도에서 벌어진 전쟁을 종식시키려는 평화중재 과정에서도 EU는 미국과 NATO에 의존적이었다.

(2)번 항목에서는 시장 통합된 유럽이 이럭저럭 만들어낸 번영이 회원국들과 지역, 사회계층들에 매우 불평등하게 배분되고 있는 데다, 통제되지 않는 유럽경제통화동맹의 작동 기제 탓에 이런저런 분리들이 엄청나게 강화되고, 유럽경제통화동맹이 촉발시켰거나 통제하는 데 실패한 일련의 위기들이 발생하면서 그 정당한 의미가 상당 부분 소실되었다. 게다가 번영과 성장은(정확히 말하면, 유럽의 '실물'경제에서 번영과 성장이 조금이라도 일어나는 범위는 지속적으로 줄어들고 있다) 회원국들 간 세금 경쟁과 노동시장 자유화 및 사회적 덤핑, 사회지출 동결과 잦은 축소, 정체되는 임금, 기록적인 수준의 전반적 실업, 갈수록 불안정해지는 일자리와 생활 조건을 대가로 지불해왔다. EU 단위 자체에 제도화된 복지 교정수단들이 없는 상태에서, 이런 상황은 사회 전 계층과 전 세대를 제대로 보호하지(포섭하지) 못하는 동시에 취약한 상태로 금융시장 위기와 부채 위기의 충격 앞에 방치하는 것으로, 이들의 처지를 각국이 시행하던 복지국가 정책의 울타리 안에 있을 때보다 전반적으로 더 열악하게 만들었다. 지금은 국가별 복지국가 정책마저 노동비용을 절감하라는 경쟁적 압박에 시달리고 있다. 한때는 유럽이 완전한

ESM(유럽사회모델, 거친/조율되지 않은 앵글로-색슨식 자본주의를 대변하는 '미국식 생활양식'에 대비되는, 지속적인 성장과 포괄적인 번영, 민주적 공동결정 등을 포함하는 사회모델)으로 가는 도중에 있다는 설명이 회자되었는데, 이 ESM은 또 다른 ESM(유럽안정화기구, 여기에서 제시하는 가혹한 긴축 조건들을 보면 앞의 ESM과는 완전 정반대다)으로 철저하게 대체되었다. 유럽은 더 이상 단순하게 더 큰 번영이나 더 공정하게 분배되는 부에 대한 확실한 약속을 상징하지 않으며, 그중에서도 구회원국과 신회원국 간, 또는 핵심과 주변부 지역과 국가들 간 사회-경제적 융합이라는 측면에서는 더더욱 아니다. 반면에, 위기가 가져온 사회적 충격과 그 고통 아래에서 EU의 '사회적 중요성'이 되살아날 가능성을 단정적으로 제외할 수는 없다.[59] 국가 단위에서 부분적으로 파괴된 복지국가의 이상은 적자국들이 시작한 공동 정치투쟁에 대한 반응으로, 그리고 기만적인 '보충성' 신화와 회원국들에게 보장됐다는 '주권 주장'의 허구적인 성질을 해체함으로써 EU 단위에서 재건될 수 있다. 그런 해체와 재건은 국가별 유권자들

---

59 라슬로 언도르, 2013a, b를 참조하라.

의 관심과 유럽 정치에 대한 정치적 참여를 활성화하는 데도 도움이 될 것이다. 그러나 당장은 EU 단위에서 '사회적' 시장경제와 복지국가를 건설하기 위한 믿을 만한 프로젝트를 상징할 수 있을 만한 세력이나 전략이 전혀 보이지 않는다. 그러기는커녕 (주로 '부정적인')유럽통합은 복지국가 축소와 노동시장 자유화, 불안정성 증가에 대한 인과적 책임을 져야 할 주체가 되어왔다.

유럽통합의 민주적 매력을 말하는 (3)에 대해 말하자면, 유럽통합의 민주적 매력은 회원국들 내부의 포스트 민주주의적[60] 경험과 EU 자체의 '민주주의 결여', 전적으로는 아니지만 가장 과감하게는 각각 2004년과 2007년에 EU에 합류한 일부 신입 (탈공산주의)회원국들을 장악하고 있는 정권 형태에서 보이는 자유민주주의 타락과 환멸 탓에 명백하게 손상되었다. 한 줌도 안 되는 예외(그중에는 룩셈부르크와 독일이 있다)에도 불구하고, 민주주의에 대한 만족도와 정치 엘리트들에 대한 신뢰, 민주주의에 대한 지지율 모두가 2007년부터 2011년 사이에 떨어졌으며, 제일 급격하게 감소한 곳은 그리스(지지율이 42.7% 하락)와 에스파냐

60 콜린 크라우치, 2004.

(30.7%), 키프로스(19.9%)였다.[61] 2014년 초반에 우크라이나 '유로마이단'* 활동가 다수가 표명했던 희망이나 소망과는 대조적으로, 회원국들의 시민들은 자신들이 누릴 수 있는 다른 여러 평등한 자유와 민주주의 특성들 측면에서 봤을 때, EU의 일부가 되고 통합을 더 경험하는 것이 이득이 된다고 전혀 느끼지 못한다. 반대로 EU는 친숙한 국내 민주주의 제도들이 가지고 있던 민주적인 내용 일부를 제거해버리는 정치체로 널리 인지되었다. 자유민주주의 구성요소인 법치주의에 관해서는 (미국 국가안보국과 같은)국가 주체들과 (구글 등)민간기업의 카르텔이 저지르는 엄청난 규모의 사생활 및 통신의 자유 침해가 법치주의가 가진 규범적 매력을 더욱 손상시켰다는 점을 반드시 짚고 넘어가야 한다.

---

61 클라우스 아르밍게온과 카이 구트만, 2013.

* 유로마이단(Євромайдан)은 2013년 11월 21일에 우크라이나 정부가 유럽연합조약 서명을 무기한으로 연기하는 발표를 하자 유럽연합 가입에 찬성하는 대중들이 시작한 대규모 시민봉기를 일컫는다. 빅토르 야누코비치 대통령의 해임과 내각 사퇴를 요구하던 시위는 해를 넘기면서 인권 억압과 부패, 권력 남용에 대한 전반적인 비판으로 확대되었으며, 2014년 2월 18일과 21일 사이에는 진압군들의 발포로 유혈참사를 빚었다. 2014년 2월 22일에 마침내 야누코비치 대통령을 탄핵하였으나 친러 성향이 강했던 크림 자치공화국이 독립선언을 하고 러시아로 편입되는 상황을 맞았다. 현재 우크라이나는 계속되는 러시아의 군사개입 시도에 맞서고 있다. — 옮긴이

(4)에 관해서 말하자면, 유럽의 주변국 정책과 더불어 공동 외교안보 정책도 지금까지로 봐서는 터파기 공사나 하고 있는 단계이므로 그 성공 여부에 관련하여 EU가 내부적 신뢰와 지지를 요구하기는 어렵다. 또한 핵보유국이자 유엔 안전보장이사회 회원이며, 에스파냐와 포르투갈과 함께 세계에서 가장 방대한 탈식민지 관계망과 책임을 가진 EU 회원국이 둘이나 있는 상황이라 모두의 동의를 얻는 변별력 있는 (회원국 차원의 정책이나 NATO가 지배하는 정책에 대비되는 의미에서)유럽주의 외교안보 정책을 계획하기가 힘들다. 동쪽 주변국과 MENA 지역 양쪽 모두에서 EU 내부적이기도 하고 동시에 국제적이기도 한 분쟁을 제압하거나 중재하여 이들 지역의 안정화에 기여하지 못하는 EU의 일관적인 실패는 국제정치 무대에서 EU가 중요한 역할을 할 수 있으리라는 전망에 거의 아무런 도움이 되지 못한다.

그 자체로 귀중한 유럽의 특질로 '다양성'을 꼽는 (5)에 대해서는, 동기를 부여하는 힘으로서 '다양성'에 호소하는 것이 어떤 역할을 할 수 있느냐는 질문뿐만 아니라 그 개념 자체에 대해서도 많은 의문이 있다. 무엇보다 (언어, 예술적 전통, 도시 양식, 종교적 신앙, 경제 제도, 역사적 전통의)다양성은 실체지 가치가 아니다. “다양성은 절대 자유나 평등, 형제애와 같은 종류의 가치가 될 수 없을 것이다.”[62] 두 번째로, ‘복수성으로서의 다양성’과 일탈 또는 심지어 분리로서의 다양성을 구분하라는 충고를 자주 들었을 것이다. 바꾸어 말하면, 어떤 다양성(예를 들어 최대한 넓게 봤을 때의 ‘문화적’ 다양성)은 존중받고 보호받을 만하지만, 다른 것들, 예를 들어 부패나 빈곤이나 EU 내 핵심과 주변부 간 분리와 같은 경우는 그처럼 명확하지 않다는 말이다. ‘다양성’이라는 말 아래에는 서로 아주 많이 다른 여러 종류의 차이들이 있다. 그러나 ‘가치 있다’와 ‘가치 없다’를 나누는 선을 어디에 그을지는 사람마다 다르다. 일설에 의하면 유럽 모처에는 올리브기름 냄새때문에 건물의 부동산 가치가 떨어질 수 있다는 이유로 건물주가 세입자에게 요리할 때 올리브기름을 쓰지 못하도록 금지할 수 있는 곳도 있다고 한다. 세 번째로, 유럽 통합이 (6)에 대한 내 주장에 따르면 성과라 할 수 있는 소수민족과 소수언어의 권리 보장 외에 어떻게 의미 있는 방식으로(즉, 매년 하는 ‘문화 수도’ 선정 따위를 넘어서) 다양성 보호에 기여했

---

62 페리 앤더슨, 2009, 527쪽.

거나 기여할 수 있는지가 분명치 않다. 최소한 일부 지역에서는[63] 유럽통합이 다양성을 보호하기보다는 침식한다고 반론할[64] 수 있다. 유럽적 정체성을 확립하는 데에 동기를 부여하는 차원에서 다양성에 호소하는 것이 포스트모더니즘 신봉자나 낭만적인 생각에 빠진 지식인들의 일시적 유행을 넘어서는 무엇인지도 분명하지 않다.

(6)에 대해 보자면, 비문명화 경향에 맞서 연합 전역에 시민권과 인권, 특히 소수자권리 보호 기준을 세우고 강화하는 예방적 보호 수단으로 작용하는 유럽통합의 역할은 가볍게 뿌리칠 수 없는 제도적 자산이다. EU가 강화해온 이들 기준(예를 들어 최근 헝가리 헌법 개정에 적용된 것과 같은)의 반쪽짜리 성공에 만족할 수 있느냐 하는 문제는 여기서 쟁점이 아니다. 내 말은 아들 부시 정권 아래(그리고 오바마 정권하에서도 지속되었던)에서 미국에 등장했던 고문과 대대적인 사적 자유 침해 등과 같은 인권 침해

[63] 정오에 시에스타를 갖는 전통적인 에스파냐 시간 체제를 폐지해야 하는지에 대한 논쟁과 같은.

[64] 조르조 아감벤이 2013년에 공격적으로 균질화를 감행하는 '독일' 문화에 대항해 '라틴' 문화를 방어할 것을 요구했던 것처럼.

사례들이 지금 유럽에서 들키거나 제재되지 않은 채 획책될 수는 없다는 것이다. 그러나 이 온건하게 개념화된 유럽의 '임무'는 (절대적인 법치주의를 넘어)성취해야 할 어떤 것이 아니라 대체로 예방해야 할 어떤 것이다. 게다가 그런 예방 조치는 (터키 경우처럼 조건부로 가입이 거부될 수 있는)가입 시점에 시행되는 것이 가장 효과적인데, 일단 EU 회원국 지위가 부여되면 시행이 훨씬 어려워지기 때문이다.

규범적으로는 가장 덜 야심적이지만 아마도(정확히 그 이유 때문에) 가장 널리 인정받는 유럽통합 주장이 바로 남아 있는 (7)번 고려 사항인데, 유럽이 이미 통화 통합이라는 선택을 하는 바람에 유럽인들을 이처럼 위험한 지점까지 끌고왔으니, 유럽인들은 함께 일으킨 문제들에서 스스로를 구출해내기 위해 힘을 합치고 협력을 강화해야 할 필요가 있다는 주장이다. 통화 및 경제정책을 수립하는 권한을 엄격하게 재국가화하면 유럽은 국가들 사이에 거대한 네거티브섬**nagative sum** 게임이 벌어지는 '자연 상태'에 내던져지고 말 것이라고 말하는 셈이다. 이 주장 역시 어떤 행동을 촉발할 것 같지는 않은, 방어적 또는 '예방적' 종류의 주장이다. 이 주장의 설득력은 이 주장이 기초하고 있는 반사실적 조건문(즉, EU 해체와 회원국들의 재국가화 이후에 국제적 무정부 상태가 펼쳐지리라는 전망)이 얼마나 타당하게 인식되느냐에 달려 있다. (징후적이라 할 만큼 요사이 자주 제기되고 있지만, '얄팍한 데다' 전적으로 방어적인 주장이라고 인정할 수밖에 없는)남아 있는 다른 주장, 즉 유럽이 붕괴할 경우에 발생할 비용과 불확실성, 부수적인 피해가 상상을 초월한 엄청난 규모일 것이므로 이를 가장 두려워해야 하고, 그 때문에 유럽은 지금의 상태와 앞으로의 모든 통합 단계들, 심지어 유럽경제통화동맹까지도 지켜내야 한다는 주장도 기본적으로는 이 주장의 반대 추론이다. 이런 주장들의 연장선상에서 프리츠 샤르프[65]가 (유사)비용효과 분석을 수행했는데, '해체되지 않았을 때의 비용'이 어쨌든 해체됐을 때의 비용만큼 높지는 않다고 (명확하게 밝히지는 않았다)제시했다. 그러나 그가 제대로 지적했듯이 이런 결과들은 '지금 여론을 지배하고 있는 믿음들'과 평가들이 무엇인가는 물론 어떤 계산 틀을 선택하느냐에 따라 전혀 다른 결과가 나올 수 있다. 지배적인 믿음들이 재구성되면 EU 파탄의 대가가

65 프리츠 W. 샤르프, 2014.

감당할 만해 보이는 결과가 나올 수도 있다는 말이다.

EU의 궁극적 목표가 무엇인가를 놓고 벌어지는 통합과 관련된 이 규범적 논쟁의 대차대조표에서 우리가 배울 수 있는 것을 요약하자면, EU의 운명은 그간 스스로 만들어냈던 것보다 더 많은 신뢰와 지지를 유럽 시민들로부터 받아낼 수 있느냐에 달려 있다고 결론 내는 것이 안전할 듯싶다. 유럽을 '위한' 주장이 힘을 잃었을 뿐만 아니라 유럽에 '반대하는' 주장이(또는 EU 자체와 EU가 위기 때 취했던 행동에 대한 실망이) 정치적 힘을 얻었다. '유럽에 대한 지지'를 묻는 유럽연합 통계청의 질문에 긍정적인 답변을 한 비율은 유럽연합 27개국 평균 48%에서 31%로 감소했고, 그리스(47%에서 16%로)와 포르투갈(55%에서 22%로), 에스파냐(59%에서 26%로), 이탈리아(49%에서 26%로)에서 가장 급격하게 감소했다. 2007년에는 15%가 EU에 대해 부정적인 시각을 가졌는데 2013년에는 그 숫자가 거의 두 배로 뛰어 28%에 이르렀다. 이 시기에 EU에 대한 신뢰가 감소하지 않은 회원국은 단 한 곳도 없었다.[66] EU와 더 심화된 통합이라는 전망은 대

66 마크 레너드와 호세 이그나시오 토레블랑카, 2013.

리자를 움직이거나 참여를 이끌어 내지도 못했고, 널리 공유되는 하나의 '정체성'과 모종의 '동료의식'에서 기인한 그 정체성의 필연적 결과인 '연대의 의무'에 기반을 둔 하나의 '프로젝트'라는 개념을 심어주지도 못했다. 간단하게 말해 유럽연합은 국민국가들이 할 수 있는 일을 하지 않는다. 반대로 위기의 충격을 겪으며 EU 회원국들을 나누는 분리선들이 (동서 분리와 남북 분리 모두)강해졌고, 포지티브섬 게임의 개념이 제로섬 프레임으로 전환됐음을 제시하는 신호들이 많이 나타난다. 분리선 양쪽에서 새로 등장한 불평은 핵심과 주변부 간 분쟁에서 브뤼셀이 '다른 쪽'을 편든다는 것이다. '유럽 북부 시민들과 남부 시민들이 가진 민주적 소망들 간의 충돌'에서 '채권국 시민들은 다른 국가의 부채를 책임지는 데 저항'하게 되었고, 반면에 채무국들에서는 유럽 기구들이 요구하는 포괄적인 내부 개혁이 '유로 관료들이 국가 주권을 침해하는 정도가 도를 넘었고 국가 민주주의를 속빈 강정으로 만들어 버렸다'고 느끼게 된 것을 의미한다.[67] 채무자와 채권자 모두가 '브뤼셀'의 희생자가 됐다고 느끼는 와

67 같은 책.

중에 그 틈을 이어주고 해법을 결정할 수 있는 초국가적 정당은 없다. 그 결과, EU에 대한 순수지지율, 즉 EU를 신뢰하고 지지하는 국가별 유권자 수에서 유로를 불신하고 거부하는 유권자 수를 뺀 수치가 2007년에서 2012년 사이에 급격하게 줄어들었다. 프랑스에서는 +10%에서 −20%로, 이탈리아는 +30%에서 −22%로, 에스파냐는 +42%에서 −52%로 줄었다. 이런 경향의 유일한 예외 사례는 불가리아인데,[68] 불가리아 국민들이 자신의 국가적 정치 기구들을 극도로 불신하기 때문에 상대적으로 EU가 그럭저럭 신뢰받는 것처럼 보일 수 있었다.

EU는 자신의 미래나 시민들의 미래에 관해 내세울 수 있을 만한 두루두루 매력적이고 고무적인 전망을 가지고 있지 않다. 물론 투자자들이나 상업적 엘리트들뿐만 아니라 예술계, 언론계, 전문직 엘리트들은 물론 대학교 학생들까지도 통합된 유럽이 그들에게 주는 기회가 얼마나 많은지 아주 잘 알고 있다는 사실을 부정하는 것은 아니다. 내 말은 유럽과 유럽통합에 대한 이들 엘리트 영역에서의 평가가 '낙수효과'를 일으켜 결국에는 국

68 같은 책.

민국가라는 일차 준거 집단 안에서와 비슷하게 동료 유럽인들 사이에 포괄적인 연대감이 고취되는 대중적인 현상이 일어나리라고 가정할 이유가 별로 없다는 말이다.[69]

많은 사람들이 경험하는 EU는 자신들을 온갖 종류의 시장 경쟁(노동, 자본, 상품, 서비스)에 노출시키면서 시민들의 삶을 규제하는 반반의 축복이다. 그러면서도 EU는 여전히 인지적으로, 실제적으로, 제도적으로 멀고 접근할 수 없는 존재다. 그러나 위기와 위기로 인한 고통이 적자국들에서 불러일으켰던 분열과 공포, 그리고 정치적, 경제적 불의에 대한 불만들을 고려했을 때, 유럽통합의 미래는 유럽을 지지하는 시민들의 태도와 성향, 의견과 같은 '주체적 요인'과 시민들 사이에서 공감대를 형성해

---

69 유럽인들이 자신의 '이중 시민권', 즉 회원국의 시민인 동시에 유럽연합의 시민이라는 딜레마에 효과적으로 대처하는 방법은 회원국마다 상당히 다르다. 예를 들어 조사를 진행한 유럽의 20개국 중에서 몰다비아를 제외하면 독일은 자기 나라의 일원이라는 것이 '아주 자랑스럽다'는 응답률이 가장 낮고, 우크라이나를 제외하면 '전혀 자랑스럽지 않다'는 응답률이 가장 높은 수치를 보였다. 그러나 스스로를 '유럽연합 시민이라 보느냐'라는 질문에 독일인들은(루마니아인들과 함께) '강력히 부동의'(20%)를 택한 비율이 제일 높은 반면, '강력히 동의'라고 대답한 비율(9%)은 전체에서 제일 낮았다. 이 수치(2008년 세계가치관조사)가 보여주는 것은 국민 의식과 유럽인 의식 모두에서 독일인들의 비동일시 현상이 눈에 띄게 강화되고 있다는 점인 듯하다.

낼 수 있는 제도적 도구들을 마련할 수 있느냐에 전적으로 달려 있다고 말할 수 있다.

은행 위기와 부채 위기의 패자들 쪽에서는 부당한 대우를 받았다는 느낌이 두 배로 든다. 그들로서는 인과적인 책임도 없는 경제 쇠퇴의 피해자가 됐고, 민주주의 정치라는 측면에서는 더 이상 자기 집에서도 대장 노릇을 할 수 없게 되었다. 자유화 기구로서의 유럽과 '외부적 규정'으로서의 유럽에 대한 이 두 가지 불만이 점점 악화되는 것도 놀랄 일은 아니다. 위기는 유로존 내부 흑자국들과 적자국들 사이에 점점 깊어지는 분리를 낳았고, 그 분리는 패자들의 분노를 더욱 강화시켰다. 불완전한 공동통화 체제가 낳은 부적절한 결과로 이리저리 분리된 유럽 국민국가의 시민들은 이런 환경에서 위기와 다양한 국면들을 극복하는 데 필요한 강력한 정치적 대리자의 원천이 되기 어렵다. 유럽 시민들 사이에는 걱정과 불안, 높아진 손실회피 성향과 같은 다소 무기력한 정서들이 널리 퍼졌다. 은행은 기업뿐 아니라 다른 은행을 구제할 수 있고, 국가는 은행을 구제할 수 있고, 유럽안정화기구와 유럽중앙은행은 국가를 구제할 수 있다지만, 이 순차적인 연쇄반응에도 끝은 있다. IMF가 최소 한도에서 단발적으로 참여하는 수준 이상으로 EU를 구제하는 일에 개입하지는 않을 것이기 때문이다. 결국 마지막에는 어떻게든 덫의 자물쇠를 깨뜨려 스스로를 구제할 수 있는 자력구제 행위가 EU에 요구된다. 그러나 EU를 행동으로 이끌어낼 정치적 세력들이 보이지 않는다. '공여자들'이 양보해야 하는 자원 이전과 수취인들이 반드시 받아들여야만 하는 정치적 자치권 박탈로 구성되는 융합 비용이 분리선의 양쪽 모두에서 확대되면 될수록 그런 정치적 세력들이 더 눈에 띄지 않게 될 것이다. 한편, 모든 가능성을 염두에 두더라도 와해된 EU의 정책수립 역량을 그냥 두어서는 안될 것이다. EU의 정책수립 능력이 와해된 채로 있을 경우에는 금융시장의 무정부 상태를 길들이고 그로 인한 상처들을 치유하는 데 없어서는 안 될 대체 불가능한 도구들도 퇴출시켜버리는 결과가 될 것이다. 또한 공공정책 영역에서 다루는 공유재 쟁점들인 에너지, 환경/기후, 안보 등, 전형적으로 국민국가들이 야심을 갖거나 필요 자원을 동원하려고 하지 않는 사안들을 장기적 안목을 가지고 적절하고 효과적인 방식으로 대처해야 한다는 점을 고려한다면, EU 차원의 통치 도구들은 필수불가결하다.

종합하자면, 위에 짤막한 목록으로 정리한(하지만 충분하리라 믿는다) EU와 더 심화된 (민주적)유럽통합에 '찬성'하는 주장들은 어떻게 섞어 봐도 대중 정치세력들과 여러 정치성향들, 그리고 정당들을 감동시켜 지속적이고 강고한 동맹을 맺게 만들겠다 싶을 만큼 강력한 정치적 매력을 뿜어내지 않는다. EU 역시도 낱낱이 파헤쳐져 널리 알려진 결점들을 가지고 있고, 이 결점들은 위기 그 자체에 의해 강조되고 부각되었다. 위기에서 EU를 구출하는 짐을 분담하는 문제에 이르면 그림은 애매해진다. "회의적인 공여국 대중들이 추가적인 구제작업이 가능할 만큼 충분한 정치적 뒷받침을 제공할 것이냐가 핵심적인 문제다."[70] 2012년 초에 이 질문에 대한 독일인들의 태도를 조사했던 한 설문 결과가 답을 말해준다. '과도하게 부채를 진 EU 국가들을 위한 구제금융 지출'에 찬성하느냐는 질문에 대한 응답 중 61%가 그런 지출에 '약간' 또는 '강하게' 반대한다고 말했다. 독일이 유럽 금융구제기금에 돈을 더 내야 하느냐 덜 내야 하느냐는 질문에는 66%가 '약간' 덜, 또는 '매우' 덜 내야 한다고 선택

70 미헬 베히텔 외, 2014, 3쪽.

한 반면, '매우' 더 (0.5%) 내거나 '약간' 더 (4%) 낼 수 있다는 사람은 4.5%의 소수에 불과했다. 분명 정권을 잡을 의향이 있는 정당이라면 감히 무시할 수 없는 수치들이다. 이 수치에 대한 분석 자료는 응답자들의 선택이 경제적 이해관계에 대한 판단보다는, 거의 동어반복이긴 하지만, 이타적이고 코스모폴리탄적 태도를 얼마나 선호하느냐 하는 '사회적 성향'에 더 좌우된다는 사실을 보여주는데, 바꿔 말하면 교육 정도와 밀접하게 관련돼 있다는 말이다. 우호적인 태도들은 "계속되는 위기로부터 가장 직접적인 피해를 보는 피해자 중 하나"라고 자료 작성자들이 설명한 EU 내 "공동체의식과 상호의존성에 대한 공감대"[71]에서도 유래되는 것으로 보인다. 다른 말로 하자면, 위기는 위기를 해결하는 데 필요한 중요한 전제조건인 '해결하려는 태도와 동기' 그 자체를 잠식한다.

신기능주의자들이 꾀하는 대로 골방에서 비밀스럽게 처리되는, 스스로를 추동해가며 점점 증식해 나가는 '스텔스' 방식의 통합은 더 이상 가능하지 않다. 물론 유럽 시민들 대부분은

---

71 같은 책, 20쪽.

유럽연합을 이미 구축돼 있는 삶의 조건으로 받아들이기 때문에 원칙적인 수준에서부터 유럽연합을 반대하는 사람은 (점점 늘어나고 있긴 하지만)소수에 불과하다. 유럽 차원의 공공 영역이 취약할 뿐 아니라 유럽과 유럽 언론이 가진 다언어적 성질 탓에[72] 대부분의 유럽인들은 다른 EU 국가나 EU의 불투명한 정책 수립 과정에서 어떤 일이 일어나는지 잘 모를뿐더러 별로 관심도 없다. 그러나 위기가 일으킨 분리와 공포, 정치경제적 위험과 불의에 대한 불만들을 고려한다면, 유럽통합의 미래를 결정하는 것은 시민들의 친유럽적 태도와 성향, 의견과 같은 '주체적 요인'이라고 볼 수 있다.

유럽 시민과 유럽연합과의 관계에 대해서는 두 가지 사고 조류가 있다. 하나는 EU가 권한과 정책적 타당성을 획득해갈수록 점점 더 많은 시민들이 EU의 쟁점들에 대해 보다 잘 알게 되고 행동으로 나서면서 양극화하는, 적절하게도 '정치화'라 묘사되는 과정으로 반응한다고 주장한다.[73] 다른 하나는 계속되는 EU

---

72 2013년 7월 1일 기준으로 유럽연합에는 28개 회원국에서 쓰는 공식 언어만 24개가 있다!

73 미헬 취른과 피터 데 빌데, 2012.

의 민주주의 결여 (즉, 완전히 갖춰진 초국가적 유럽 정당 체제의 부재와 유럽의회의 허약성, EU각료회의를 통해 행사되는 고위직 연방주의, 비선출직으로 구성된 EU집행위원회의 책임성 부족과 유럽이사회에 내재된 정부간주의, 국민국가들 사이에 다리를 놓아줘야 할 유럽 차원의 공공 영역이 계속 초기 상태에 머무르고 있는 상태) 문제 때문에 시민들은 실질적으로 유럽 단위의 선거권을 빼앗겼다고 느끼게 된다고 주장한다. 말하자면, 시민들이 각자의 국내 정치에서 인식하고 파악하도록 배워온 정치적 '색깔'의 단어로는 EU 정치를 풀어내는 데 어려움을 겪는다는 말이다. 사회학자들은 한 사회가 튼튼하게 통합될 수 있는 토대가 "그 문제에 대한 '우리'의 의견은 다르지만 그 문제가 중요하다는 데는 동의한다."라는 2차적 의견 일치라고 주장해왔다. 사회는 모두가 이것이 바로 두드러지는 핵심적인 충돌이나 모순, 문제라고 사실상 의견이 일치되는 사안에 의해 결속하고 역동적으로 움직이기 시작하는데, 이런 움직임들은 서로 대립하는 각각의 정치세력들로 대표된다. EU라는 정치 형태에는 그런 결속을 유발하는 지배적인 충돌이 없는 대신 혼란스럽고 전선이 오락가락하는 선명하지 않은 이데올로기적 분리들이 많다.[74] 시민들은 이런 상황을 사람들이 내는 목소리의 반향이 사실상 0으로 줄어들고 어떤 태도를 취하려는 시도가 구조적으로 좌절되는 일종의 무반향실無反響室로 인식한다. 피터 마이어[75]가 연구했던 논리구조에 따르면, 시민들은 그런 조건을 운명론적으로 받아들일 수도 있고, 부정적인 종류의 '정치화'로 돌아설 수도 있다. "우리는 EU 안에서 반대를 조직할 수 없는데, 상황은 …… EU 반대 운동을 조직하라고 거의 강요하다시피 한다. 그리고 우리는 근본적인 유럽회의론자가 된다."

유럽회의주의는 풀어내기 쉽지 않은 여러 태도와 경향들이 뭉친 덩어리다. 기저에는 분명 두 가지 불만이 깔려 있다. 하나는 너무 많은 정책적 문제들이 국내 정치의 영역에서 제거되어 책임 기제가 약한 유럽 단위로 옮겨졌다는 불만으로 '우리' 대 '브뤼셀'이라는 '수직적' 차원에서 펼쳐진다. 다른 하나는 '수평

---

74 확고한 시장 자유주의자인 올리 레흔(유럽이사회 경제통화및유로위원회장)과 그에 못지않게 확고한 좌파 사회정책 혁신가인 라슬로 언도르처럼 정치적 신념이 다른 사람들이 한 나라의 정부 각료로 공존할 수 있다고는 상상조차 할 수 없어 보인다. 그러나 둘은 모두 EU집행위원회 집행위원이다.

75 피터 마이어, 2007, 7쪽.

적' 차원에서 펼쳐지는데, 유럽을 분리하는 새로운 단절선 양쪽 간 분쟁과 연관돼 있다. 두 경우 모두 정치적, 경제적 불의에 대한 불만들이 섞여 있다. 첫 번째는 일종의 외부 규정에 지배받는 대상이 된 느낌이나 다름없는, 공민권을 잃어버린 것 같은 강한 정치적 박탈감과 관련이 있다. 이와 대조적으로, 위기를 불러 온 원인 역할을 한 은행들이 납세자들의 희생을 바탕으로 구제되는 반면, 위기라고는 불러온 적이 없는 사람들이 그 대가를 치러야 할 때 경제적 부당성이 강조된다. 그래서 두 번째 분배에 대한 불만은 '도덕적 해이'에 관한 통찰을 조금 참조한다면, 좌파의 '계급 대 계급' 해석으로도, 우파의 '국가 대 국가' 해석으로도 설명할 수 있다. 양쪽의 해석 모두 서로 상충되는 여러 포퓰리즘 운동의 비옥한 온상이 되었다.

제 7 장

정치세력과 성향별 지형

위르겐 하버마스는 유럽통합 사안들을 대하는 정치세력들(개인, 정당과 연합들, 국가 정부, 정치적 지식인, 등등)의 입장 차이를 대표할 수 있는 주요한 차원 두 가지를 지적했다.[76] 국가적 성향〈가〉 대 초국가적 성향〈나〉이 대립하는 차원과 시장규제 형태의 통치와 '긍정적인' 통합을 선호하는 중도좌파 성향〈1〉 대 시장형성 전략과 부정적 통합을 선호하는 중도우파 성향〈2〉이 대립하는 차원이다. 이분법적인 두 차원의 교차 결과를 다음과 같이 간단한 표로 만들어 보았다.

	국가적 성향〈가〉	초국가적 성향〈나〉
좌파〈1〉	계급갈등의 재국가화	'사회적 유럽'의 긍정적 통합*
우파〈2〉	반통합 우파 포퓰리즘	신자유주의적 부정적 통합

76 위르겐 하버마스, 2013b, 83쪽.

시장형성 찬통합파〈나2〉

표 오른쪽 아래 칸을 차지하는 시장형성 찬통합파 입장부터 보자. 이들은 몇 가지 추정 이익 때문에 유럽통합을 환영한다. 첫째, 네 가지 자유에 기초한 전 유럽 단일시장은 규모의 경제 측면에서 이익이 되고, 방위산업과 항공우주, 에너지, 통신, 그 외의 다른 선진 기술부문의 연구개발과 같은 자본 집중적 다국적 협력 프로젝트에 착수할 수 있는 기회를 제공한다. 둘째, 앞에서 말한 프로젝트들에 대한 자금지원과 규제 문제가 국내 정치 무대를 벗어나게 된다. 가장 중요한 건 세 번째인데, (투자자들의 '정권 쇼핑'과 탈세 목적에 이용되는)국가 간 경제 대결의 충격에다 투자 기회와 상품 시장에 잠재적 경쟁자들이 진입할 수 없도록 막는 장애물과 '경직성'을 제거하는 유럽사법재판소의 사법행위가 가져오는 충격까지 이중의 충격을 받는 환경에서 (연금에서부터 공영라디오와 텔레비전, 국영은행, 노동조합의 지위까

---

* 긍정적 통합과 부정적 통합. 상품유통과 생산요소 이동을 저해하는 규제 등을 제거하는 통합을 '부정적' 통합이라 하고, 공동의 정책과 제도 등을 입안하고 시행하는 통합을 '긍정적' 통합이라 부른다. — 옮긴이

지 포함하는) 국가적 제도 체계가 뿌리 뽑힐 것이다. 시장통합은 또 투자자들을 끌어들이려 애쓰는 회원국들 사이에 세금 경쟁을 부추겨 '낭비적인' 공공지출을 줄이고 꾸준하게 법인세율을 낮추는 효과를 가져 온다. 요컨대, 동일한 규제가 적용되는 유럽 시장통합을 옹호하는 신자유주의자들은 시장통합을 규범을 요구하지 않고 비정치화된, 경쟁을 촉진하는 경제적 현대화의 영향으로 보기 때문에 유럽통합 프로젝트가 진전되는 것을 환영한다. 스트레크[77]가 주장했듯이, 전 유럽을 대표하는 민주적 정체政體가 동반되지 않은 전 유럽 시장에서는 '시장 정의'가 '사회 정의'를 이긴다. 신자유주의 실천가들에게 EU의 '민주주의 결여'는 네 가지 자유로 뒷받침되는 다국적 시장의 작용에 대한 정치적 간섭을 방어하는 데 도움이 된다는 점에서 악이라기보다는 선이다. 여기서의 강조점은 생산과 기업가정신, 생산요소 최적 배분과 노동비용 절감, 효율 증가, 생산과정 및 인력의 최대 통합에 있지 (재)분배에 있지 않다. 정부간주의**와 만장일치제가 유럽이사회의 의사결정 과정을 지배하게 되면서 분배와 특

---

77 볼프강 스트레크, 2014.

히 (부채분담이나 유로본드와 같은)국가 간 재분배와 같은 쟁점에 대해서는 사실상 제도적으로 논의 금지 조치가 내려진 것이나 마찬가지다. EU가 경쟁을 왜곡시키거나 허용 수준을 넘는 예산 적자를 유발하는 정책이 아닌 이상 사회 관련 정책을 수립하는 권한은 회원국의 정책수립 영역으로 강등시킨다는 '보충성' 원칙***을 천명하면서 회원국들 단위에서도 국가 간 재분배라는 쟁점에 대한 논의가 사실상 금지되었다. 전체 회원국들 사이의 경쟁 문제를 보면, 무역흑자 측면에서 다른 국가보다 나은 성과를 보이는 국가의 정치지도자들은 그들 제도와 정책의 진화적 우월성을 주장하며 상대적 패자들을 지원하는 조건으로 승자의

** 정부간주의(Intergovernmentalism)는 통합 과정을 주도하는 기본 요인을 국가와 국가의 정부로 상정하여 EU의 초국가 기구들에 권력이 집중되는 것을 경계하는 일련의 정치적 이념이다. 다수결 등을 통해 특정 국가의 이해관계에 반하는 EU 법률이나 규정이 통과되는 것을 막아 약소국의 피해를 최소화하는 장점이 있는 반면, 국가별 이해관계를 모두 충족시킬 수 있는 최소 수준의 합의밖에 이끌어낼 수 없는 구조를 만들어 EU의 무능과 무기력을 강화하는 단점도 있다. — 옮긴이

*** 보충성 원칙(Principle of Subsidiarity)은 연방주의의 핵심 개념 가운데 하나로, 책임과 결정권을 문제해결 능력을 가진 최소 집단에게 부여한다는 원칙이다. EU의 경우 통합 초기 단계부터 합의된 경제 등의 부문을 제외한 재정, 외교, 안보, 환경 등 아직 합의가 완료되지 않은 부문 및 정치동맹과 관련된 사안들은 EU 기구들이 아니라 각국의 정부가 결정권과 책임을 가진다. — 옮긴이

사례를 모방하여 스스로를 개혁하라고 요구를 내건다.

시장규제 찬통합파〈나1〉

시장규제 찬통합파의 정치적 견해는 전후 민주주의 복지국가들이 성취했던 성과들을 초국가 단위에서 실현해내는 EU를 그리고 있다. 이 중도좌파적 관점에서 보면 EU는 단순히 자유경쟁과 생산요소 이동성을 위한 장을 열어주는 역할만 하는 게 아니라, 동시에 시장 경쟁이 낳는 피해자들을 보호하고 그들로 하여금 시장의 도전에 대응할 수 있도록 만들어주는 정치적 실체인 '사회적 유럽'[78]이다. 그게 아니라면 EU는 확실하게 '사회적 유럽'으로 전환해야 한다. 어떤 경제적 경쟁에도 (애초에 경쟁을 불허할 만큼 품질이 좋거나 싼 상품으로 이득을 본 간접적인 승자들을 포함하여)승자는 있게 마련이다. 그러나 경쟁은 패자도 낳는다. 패자들 중 일부는 적응하여 다음 번 게임에서 새로이 출발한

---

78 《사회적유럽저널》 디지털 잡지 참조.

다. 다른 패자들은 그러지 못하고 빈곤과 실업, 불안정 노동의 희생자로 전락한다. 패자들이 경쟁 환경에 적응하고 사회적 권리들이 정의한 대로 납득할 만한 조건으로 게임을 계속할 수 있는 능력을 가지려면 소득이전과 공공서비스 지출이 전제되어야 하는데, 그중에서도 공공서비스들은 투자자들과 노동자들, 회원국들의 경쟁 속에서 파괴되도록 놔두기보다는 '사회적 유럽'과 EU 차원으로 위임되어 보장되어야 한다. 사회적 권리와 '사회적 포섭'에 대한 진지한 보장이라면 어느 것이든 지역과 사회계층, 경제 부문, 세대, 회원국, 특정 시점 간 실질적이고 물질적인 자원 재분배를 포함해야 하는 것처럼, 유럽 시민을 대표하고, 상충하는 분배 요구를 조정하고, 과세와 지출 권한을 부여받으려면 민주적인 통치 조직이 필요하다. 국제적 재분배를 포함하는 강력한 재분배 정책 없이는 사회경제적 '융합'은커녕 그 비슷한 것이라도 일어날 가망이 없다. 그러나 융합 없이는 유럽연합의 존재를 경제적으로 정당화하는 근거로 쓰였던 '평평한 경기장'을 창출했다는 말도 그저 사기에 지나지 않는다. 그런 융합, 다른 말로 '사회적 권리와 경제적 보호에 대한 유럽 차원의 보장'이 통합이 제시하는 믿을 만한 전망으로 인식되도록 해야만 유럽주의 '프로젝트'는 잃어버린 EU 시민들의 지지를 일부나마 되찾게 될 것이다. 왜 국가 단위의 복지국가 정책들(그리고 '보충성'원칙)로 경쟁 결과에 대해 그럭저럭 받아들일 만한 보장을 해 주는 것이 더 이상 가능하지 않은지, 그 이유를 파악하기는 어렵지 않다. 회원국들 자신이 경쟁적 게임의 주체가 되었기 때문이다. 통합은 복지국가를 세금과 사회지출을 절감하는 방식으로 이뤄지는 일상적인 경쟁에 대응해야 하는 '경쟁국가'로 바꿔놓았다. 그러므로 복지국가는 법률에 의거하여 통합된 초국가 유럽주의 통치조직 단위에 다시 확고하게 뿌리를 내리거나, 아니면 조각조각 부서져 국경을 넘나드는 시장 경쟁의 물결에 밀려 유목처럼 떠돌게 될 것이다. 그러나 '초국가적 단계에서 조치알러 레히트스타트(헌법적 권리에 기초를 둔 복지국가를 지칭하는 독일어 개념)를 구조'하려는 어떠한 시도도[79] 유럽이사회의 정부간주의 절차와 적자국이나 흑자국에 관계없이 회원들 각자에게 단독 거부권을 부여한 그 만장일치 규정이 있는 한 실패할 운명임에 틀림없다.

---

79 에릭 포섬과 호세 메넨데스, 2011, 224쪽.

우파 반통합 포퓰리즘〈가2〉

이들은 국경을 앞세워 통합을 거부함으로써 사회적 피난처와 경제적 보호처를 구하고 국가적 이해관계와 정체성을 방어하고자 하는 반유럽주의 정치적 우파이다. 정치적 좌파가 문화적 자유주의와 바람직한 사회적 질서를 중시하는 국가주의 개념으로 나눠지는 것처럼, 정치적 우파는 (위에서 요약한 대로 유럽통합에 적용되는)경제적 자유주의와 문화적/정치적 민족-국가주의로 나눠져 오히려 더 심하게 불화한다. 문화적/정치적 민족-국가주의는 반통합 우파 정치세력들의 주요 특성이다. 그들이 주요하게 고려하는 지점은 국가적 정치공동체이다. 이 국가적 정치공동체는 하나의 운명공동체로서 정부가 가진 강력한 국가적 지도력에 의해(그리고 필요하다면 군사력에 의해) 사회경제적 측면뿐만 아니라 문화적 측면까지도 반드시 보호되어야 한다. 이 견해의 주창자들이 EU에 대해 가지는 불만은 두 가지다. 첫째, EU는 공통통화에 관련된 것들까지 포함한 규정과 조건들을 부당하게 '우리' 국가에 강요하는 초국가적 행위자이므로 비난받아 마땅하다. 이처럼 수직적인 '브뤼셀'과의 대립 전선은 회원국들을 가르는 두 번째 수평적인 전선에 의해 강화된다. 두 번째 전선은 유럽이 '그들'(예컨대, 2014년 1월부터 전면적으로 시행된 완전한 EU 이동권을 근거로 EU 남동부에서 온 이민자들)로 하여금 '우리' 자원들을 이용해 이득을 얻도록 했고, 유럽이 '그들'(예컨대, EU각료회의나 유럽이사회의 독일 대표들)로 하여금 그들의 규정과 조건을 '우리'에게 강요하거나 '우리'에게 아주 중요한 자원을 우리가 쓰지 못하게 만들었다는 불만이다. 종합하면, 이 두 개의 대립 틀은 결국 EU는 외부로부터의 지배를 대리하는 기관이고, 국가는 이에 대항해 스스로를 방어해야 한다는 인식을 조장한다. 우리의 지도자들이 우리를 보호하기 위해 국경을 강화하고 정체성을 강조하고 주권을 다시 요구하면서 막으려 애쓰는 것은 무엇일까? 이 질문에 대한 답은 외국제품과 투자자들에서부터 외국인, 심지어 '외국의 신들'에까지 이른다. 국가주의 우파들이 주장하는 반유럽주의 선동에는 종종 반자유주의와 반민주주의, 유사권위주의, 종교적 정치교리와 정서들이 혼합된다. 참으로 역설적이게도, 반유럽주의 우파들에게 초국가적 동맹을 도모하고 형성하여 유럽의회 의석수의 1/3까지도 석권할 수 있는 기회를 준 계기가 바로 그들이 무력화시켜야 한다고 주장했던 2014년 유럽의회 선거였다.

포퓰리즘에 기반한 반유럽주의 움직임[80]은 새로운 유럽 분리선 양쪽 모두에서 발견된다. (포퓰리스트 경쟁자들의 성공을 두려워하는 중도파 정당들과 마찬가지로)북부 우파 '포퓰리스트'들이 세금을 기반으로 재정 적자 국가들에게 더 이상의 재정을 이전해 주거나 신용을 부여해 주는 것을 거부한다면, 남부 좌파 포퓰리스트들은 제 나라의 정치엘리트들도 한통속이 되어 자기 나라를 희생자로 만들고 있다고 비난하면서 자신들에게 부과된 긴축과 개혁 요구들을 거부한다. 그들은 두 경우 모두에서 분노와 공포, 국가정체성에 호소하며 성공적으로 EU와 유로를 깎아내리는 순수한 '정치'를 펼치지만, 최소한이나마 위기에서 벗어날 수 있는 실질적이고 효과적인 전략을 계획하고 제시하는 측면에서의 '정치'로 보자면 내세울 것이 거의 없거나 전혀 없다.

---

80 마크 레너드와 호세 이그나시오 토레블랑카(2013년)가 유럽 포퓰리즘 정당들과 다양한 종류의 유로회의주의에 대한 세밀한 형식론을 제공한다.

계급투쟁의 재국가화〈가1〉

유럽통합에 대한 (무기 수출에서부터 의료서비스 자유화에 이르는 개별 EU 정책에 대한 비판들에 반대되는 의미에서)근본주의 좌파의 비판은 상대적으로 봤을 때 새로운 현상이라 할 수 있다. 좌파 포퓰리스트(예를 들면 그리스와 에스파냐, 이탈리아의 경우)들이 EU가 부채 위기와 그에 따른 경제적, 사회적 위기를 일으켰다고(또는 잘못 관리했다고) 비난함으로써 성공적으로 세력화한 반면, 통합에 대해 분명하게 비판적 태도를 취하는 좌파의 입장은 최근에 볼프강 스트레크[81]에 의해 개척되었다. 스트레크는 공통통화가 유로존 회원들을 분리했을 뿐만 아니라 정치적 수용expropriation으로 이끌었다는 사실을 분명히 보여주었다. 그에 따르면 유럽 국가들을 경제적, 정치적으로 더욱 통합시키겠다는 계획들은 경제적으로는 절망적이고 정치적으로도 바람직하지 않은 강압적인 균질화 단계에까지 이르렀다. 그는 유럽의 경제정책과 통화정책을 재국가화하여 회원국들과 그 국민들이 각

81 볼프강 스트레크, 2013, 볼프강 스트레크, 2014.

자의 특정한 필요와 조건에 맞게 조율할 수 있어야 한다는, 비국가주의적인 규범적 주장을 제시했다. 그의 주장에 의하면, EU를 통치하고 있는 금융자본주의라는 '신자유주의 초국가 리바이어던'에 대항하기 위해서는 그간 가장 중요한 계급투쟁의 장으로 기능해왔던 국민국가와 민주적 정치 제도들을 반드시 재점령하여 엘리트 차원에서나 특히 대중 차원에서 저항의 요새로 삼을 수 있도록 해야 한다. 위르겐 하버마스[82]와의 논쟁에서 하버마스는 '유럽주의 프로젝트에 대한 패배주의적 청산'을 이유로 스트레크를 비난했다. 규범적인 논쟁을 떠나서, 스트레크는 자신이 내놓은 급진적 비판을 정제하는 과정에서 세 가지 반론에 대해 변호할 필요가 있어 보인다. 첫째, 유로의 패자들인 유럽 주변부에서조차 좌파적인 재국가화 프로젝트에 아주 최소한의 지지라도 보내는(또는 보내게 될) 국가는 찾아보기 어렵다. 현실 얘기는 이 하나만으로도 충분할 것이다. 둘째, 재국가화 프로젝트는 신자유주의 지배체제의 지지자들과 수혜자들이 패자들에게 보상해야 할 책임, 또는 최소한 패자들의 회복을 도와

82 위르겐 하버마스, 2013a.

야 할 책임을 신자유주의 지배체제의 패자들이 면제시켜준다는 의미를 내포할 것이다. 패자들이 EU 정치의 장을 떠난다면, 아주 정당하게 요구할 수 있는 지원이나 보상을 획득할 수 있는 스스로의 기회를 근본적으로 없애는 일이 될 것이다. 셋째, 유로체제가 신자유주의 정치세력들이 승리를 거뒀다는 명백하고도 반박할 수 없는 증거라는 서사에는 여전히 논쟁의 여지가 있다. 논쟁의 여지가 있는 한, '진보적인' 대안을 쉽게 내쳐서는 안 된다. 그 대안적 관점이라는 것이 앞에서 말한 〈나2〉유형에 포함되는, 그저 유럽의 경제적, 재정적, 사회적 정책 수립 체계를 민주적으로 개혁하자는 것뿐일지라도. 히르슈만[83]에게서 배웠듯이, 일단 시도를 해보고 안 되면 그때 탈퇴해도 된다. 회원으로 있는 한 탈퇴하겠다는 협박이 통한다. 그러나 진짜로 탈퇴해서 들어줄 이가 아무도 남지 않게 되면 할 말이 있어도 아무 소용이 없다. 여전히 정책적인 반전과 본질적인 개선의 여지가 남아 있는 유럽 단위 경기장을 떠나고 나면, 광범위하게 (상호)의존하며 뿌리를 뻗어가는 위기에 비해 대응할 수 있는 포괄적인 범위

83 알베르트 히르슈만, 1970.

와 수준이 형편없이 작아질 것이다. 정책들을 재국가화한 후에는 초국가 체제의 역할이 없는 상태에서 국가별로 다른 정치형태와 정책, 경제 활동에 모두가 동시다발적으로 상호 적응해야 하는 혼란스러운 상황이 발생할 것이다. 규모 면에서만 생각하더라도 상당히 불완전한 지금의 EU집행위원회와 여타 다른 EU 기구들에 비해서도 통치 능력이 떨어질 것은 자명하다. 서로 상충되는 국가 단위 주체들이 어떤 자발적 행동을 취할지는 〈가1〉과 같은 정치적 견해를 내놓은 사려깊은 제안자들조차 진지하게 고려할 수 있는 어떤 것이 아니다.

위의 표가 각각의 정치세력들과 성향들을 이해하고 분별하는 데 도움이 됐을지는 모르겠지만, 네 가지 견해들이 가진 상대적인 강점을 평가하는 것이 이 책에서 내가 하고자 하는 일은 아니다. 이들 견해들은 서로와의 상호작용 속에서 전개되고, 〈가1〉과 〈가2〉, 그리고 〈나1〉은 모두 〈나2〉가 가진 지배적인 설득력에 대한 반대와 교정 수단으로써 채택되고 옹호되고 있는 현실이다. 이들 중 두 가지(〈가1〉과 〈가2〉)는 공포와 분노, 경멸과 같은 감정에 기인하는 아래로부터의 정치에 강하게 호소하는 (또는 그 이론적 역할을 하는) '대립의 정치'에 집중하는 반면, 다른 두 가지(〈나1〉과 〈나2〉)는 EU 정책을 기획하기 위한 엘리트적 관점을 내포하고 있다. 한 쌍(〈가1〉, 〈나1〉)은 정치적 좌파에 속하며 다른 한 쌍(〈가2〉, 〈나2〉)은 정치적 우파에 속하지만, 각자의 정치적 진영 안에서 이들 두 당파가 공동 전략에 쉽게 합의하는 모습을 상상하기는 어렵다. 전반적인 그림은 유로존과 앞으로의 유럽주의 통합에 관련된 행동을 이끌어낼 정치적 성향들이 좌/우와 국가/초국가 및 채권국/채무국 축을 따라 상당히 분열되어 있으며 깊게 단절되어 있음을 나타낸다. 그 결과가 바로 대리자 기근 사태다.[84]

---

84 루카스 추칼리스(2014, 62쪽)는 적절하게도 '불안정한 균형'이란 다름 아닌 '사고가 일어나기 쉬움'이라고 말한다.

제 8 장

재고할 가치도 없는 독일 지도자론

완강하게 지속되는 정치적 대리자 기근에서 벗어날 수 있을 만한 한 가지 방법이 다양한 목소리들[85]이 내부에서 요구하기도 했지만 나라 바깥에서 더 요구가 많았던 (또는 기정사실인 것처럼 얘기돼왔던) 독일이 유럽의 정치적 지도자 역할을 맡는 방안이다.

탱고가 그런 것처럼 지도력을 발휘하는 데도 둘이 필요하다. 독일이 그 역할을 짊어질 준비가 됐나 안됐나 하는 문제는 그중 덜 심각한 문제다. 이 역할이 다루어야 할 분배 문제와 정치적 책임의 크기를 생각하면, 이 질문에 대한 답은 완전히 '아니오'다. 전 유럽중앙은행 수석경제학자이자 폰 하이에크 소사이어티의 주도적인 회원이며 메르켈 정부에 정책적 방향을 제

85 그레고어 페터 슈미츠와 조지 소로스, 2014년, 안젤로 볼라피, 2013.

안하는 독일의 권위자 오트마어 이싱이 이 문제에 관련된 모든 정형화된 주제들을 포괄하는 선명하고 간략한 요약문을 제시한다.[86] 그는 경고한다. "독일 지도력에 관한 논쟁은 독일이 더 많은 …… 돈을 유럽의 협상테이블에 올려놔야 한다는 청원으로 귀결된다." 독일의 공식적인 관점에서 보자면, 이런 부담은 말할 필요도 없이 저지해야 한다. 무엇보다 왜 한 국가의 납세자들이 '다른 나라 은행들이 저지른 무책임한 관행들'에 대한 책임을 져야 하는가라고 그는 묻는다. 공식적인 독일 담화에서 이런 이익 논리 뒤에는 반드시 (말할 필요도 없지만, 다른 것으로 위장한) 체면을 차리는 논리가 따라나온다. "'지도자로서의 독일'이라는 표어에는 뭔가 섬뜩한 울림이 있다." 독일은 적극적인 지도자로 나서기를 거부했지만, 만약 다른 국가들이 '(독일) 사례를 따르기로' 했다면 자기들 좋을 대로(마음대로) 하는 것은 환영할 것이다. 그러나 한 가지는 분명히 해야 한다. "모든 국가는 각자의 정책에 대한 책임을 져야 하고 …… 지금 위험에 빠진 국가들은 자신이 저지른 정책적 실수로 지금의 문제들을

---

86 다음 인용문은 2014년 오트마어 이싱의 저작에서 따왔다.

일으켰으므로" 독일은 유로본드나 다른 형태의 부채분담에 찬성함으로써 '나쁜 정책들을 보상'하는 일은 하지 않을 것이다.

이 준공식적인 담화는 두 가지 특질을 보여준다. 전체적으로 '흐름에 역행'하고, 방법론적으로는 '국가주의적'이다. 다시 말하자면, 흐름에 따른 결과에 주목하고 그에 대한 해법을 고민하는 게 아니라, 흐름을 거슬러 올라 누가, 또는 무엇이 문제를 일으켰는가에 주목하여 그에 따른 정책을 제시하고 있다. 그리고 이 담화는 한 국가의 불안 원인들을 유로의 잘못된 계획이나 외부적 충격에서가 아니라 반드시, 전적으로, 국가 내부와 국가 정치엘리트들의 잘못된 행위에서 찾아야 한다고 가정한다. 독일의 공식 담화는 유로존 전체의 미래에 관해 명료한 전략적 입장을 취하는 대신에 아무런 조치를 취하지 않는 자신을 변호하거나, '건전한 경제 상태'가 무엇인가에 대해 남에게 설교한다. 이 담론을 지지하는 투사들에게는 다른 국가들이 스스로 만든 '나쁜 정책'의 결과로 고통 받도록 내버려 두는 것 자체가 자족적인 방관자들과 이른바 '건전한' 정책 지지자들을 포함해서 다른 모든 이들의 장기적 이해관계 측면에서 볼 때 나쁜 정책으로 판명될 수 있다는 사실이 보이지 않는다.

여기서 이싱이 말하는 것은 '화분이론'이라고도 알려진 '방법론적 국가주의'의 거친 사례다. 본질적으로 이 이론은 한 국가에 생기거나 닥친 일은 무엇이든 간에 하나의 독립된 그릇과 같은 그 국가의 내부에서 일어났던 (역사나, 국가적 성격 등등)일들로 설명해야 한다고 주장한다. 이런 틀짜기 전략은 두 가지 착오를 포함한다. 하나는 구성의 오류다. '나쁜 정책들'의 결과가 무엇이든 전체로서의 '국가'에 영향을 미치는 것이 아니라 국가라는 사회 내에 존재하는 특정한 계급과 지역, 세대, 그 외 사회적 분류들에 매우 불평등한 방식으로 영향을 끼친다. '그리스'가 그런 결과들 때문에 고통을 겪는 것이 아니다. 그리스인 환자들과 실업자들, 공무원들 등등이 고통을 겪는 사이, 그리스 사회의 다른 부분들은 조금도 영향을 받지 않은 채로 남아 있다. 다른 하나는 머릿속에서 '국가적'이라는 틀을 사용할 때 관여되는 일종의 분할의 오류다. 이 이론은 국가 간 상호작용과 상호의존성에서 비롯된 사건과 사고의 전개를 '그릇' 내부에 존재하는 힘 탓으로 돌리므로 국경 너머에서 유래하는, '트로이카'의 개입처럼 설명이 필요한 요인들을 간과한다.

그건 그렇다 치자. 설사 독일의 정치엘리트들이 (어떠한 지도적 책임도 거부하면서 밀실에서 조건들을 설정하는 '마담 No'의 실질 권력을 그냥 이용하는 대신)명시적이고 공식적으로 패권적 역할을 받아들일 준비가 되었다 해도, 두 번째 질문이 남아 있다. 두 번째 질문은 이제 독일의 지도를 따라줘야 할 이들이 독일에게 어떤 형태로든 지도자적 권위를 부여해줄 것인가라는 질문이다. 다시 한 번, 대답은 '아니오'다. 제2차 세계대전 동안 군사적 침략을 통해 대륙의 지도자로 군림하려 들었던 독일이라는, 여러 유럽 국가들의 집단적 기억 속에 뿌리깊이 박힌 역사적 선례를 무시한다 하더라도, (위기 동안에 독일 정부가 했던 역할들뿐만 아니라) 유로 체제 이전에 널리 공분을 샀던 독일 분데스방크의 역할과 같이 훨씬 최근의 기억들도 분명 동료 유럽인들이 독일을 유럽을 위기에서 구해 낼 임무를 부여받은 인정 많은 패권국으로 인정하기를 어렵게 만든다. 좋든 나쁘든 자신들이 독일의 경제정책이 만들어내는 외부적 효과에 의존하고 있다는 사실을 안다고 해서 독일 정부가 만든 정책을 따르고자 하는 욕구가 필연적으로 수반되지는 않는다. 독일과 독일의 거대 연립 정치엘리트들이 위기에서 벗어나도록 유럽을 이끌 의향을 그다지 가지고 있지 않을 뿐만 아니라, 다른 국가들이 독일 지도에 따르는 방안을 선택할 가망도 영 없어 보인다. 이 두 이유 때문에 독일에 지도자 역할을 할당하겠다는 (또는 독일에 프랑스-독일 쌍두마차의 한 자리를 제안하겠다는) 제안은[87] 재고의 가치가 전무하다고 판단해야 한다. 이런 상황이라면 우리는 독일이 아니라 다른 어떤 국가라도 굳이 지도자 역할을 맡을 필요가 없는 체제를 만들어야 한다. 위기를 해결할 정책과 경제적, 재정적, 사회적 정책을 수립할 초국가적 기제, 주요 회원국 한두 국가의 유권자들만이 아니라 모든 유럽 시민들에 의해 정당성을 부여받은 초국가적 기제가 실현될 때만 이를 성취할 수 있을 것이다.

위기를 둘러싼 담론과 서사들은 회원국에 따라, 그리고 정치적, 정책적 틀에 따라 현저하게 다르다. '틀 짜기'는 화자가 대상을 기술하는 것이 아니라, 대상을 특정 관점에 집어넣고, 기대치를 형성하고, 그것을 평가하고, 독단적인 교훈을 끌어내고, 그것을 어떻게 다룰 것인지 의제를 설정함으로써 서술에 의미를 덧붙이는 수사학적 관행이다. 컵에 물이 반이나 남았다고 하

87 안젤로 볼라피, 2013.

는지 반박에 안 남았다고 하는지는 실체를 놓고 벌이는 논쟁의 문제가 아니라(실체가 없을 수도 있다), 문제의 현상을 어떻게 '읽을' 것인지, 그것을 다룰 때 어떤 기준과 기대치를 적용할 것인지에 대한 함축적인 무언의 암시다. 이와 유사하게 그림을 끼워 놓은 틀은 두 가지 일을 한다. 틀은 바라볼 가치가 있는 것을 강조하고 장식해 주는 동시에 봐줄 가치가 없다고 여겨지는 것과 보이지 않는다고 치부해도 될 만한 것들을 우리의 시야에서 가리고 숨긴다. 틀은 사용하는 언어에 본질적으로 내재된 애매모호함에서 생겨날 수도 있고, 정치적 행위자들과 언론 전달자들에 의해 전략적으로 오용될 수도 있다.

독일어 고유의 표현 중에 놀랄 만큼 애매한 의미를 지닌 단어 두 개가 전략적 오용의 사례에 해당되는데, 이 두 단어는 독일(과 오스트리아)에서 위기에 관한 전략적 틀을 짜고 위기 정책에 대한 국민적 지지를 형성하는 데 일정한 역할을 했다. 하우스할트**Haushalt**(확고한 민간 소비의 두 주체, 즉 가구와 설비, 금융자산을 가진 가계와 국가 당국의 예산을 동시에 지칭)라는 단어와 슐트**Schuld**(도덕적, 법률적 범죄의 결과로 주어지는 죄책감과 부정적인 제재, 그리고 채무자로서의 상태와 의무를 모두 지칭)라는 단어가

이 전략적 오용에 이용되었다. 두 의미론적 모호함을 전략적으로 이용할 때의 정책적 함의와, 그 의미론적 모호함이 제시하는 엉뚱한 유사의 개요를 간략하게 정리해보자.

첫째, 국가 예산 집행계획이 가계에 비유되면서 둘 간의 수많은 차이들이 간과되고 둘 중 하나에 연관된 규범적 처방들이 다른 하나에도 적용되는 것처럼 주장된다. 2008년 9월 15일에 리먼 브러더스가 파산한 지 몇 주 후, 메르켈 수상은 슈바벤 지방 슈투트가르트에서 열린 자신의 정당 집회에서 "슈바벤 주부도 아는 것처럼", 누구도 영원히 분수에 맞지 않는 생활을 누릴 수는 없다고 말해서 입방아에 올랐다. 사소해 보이는 이 명제는 긴축 정책을 도덕적으로 자명한 이치로 보이게끔 훌륭하게 계획된 명제다. 이 명제는 풍성한 의미를 함축하고 있다. 독일에서 가장 부유한 지역이자 근면한 노동 윤리로 유명한 슈바벤을 언급한 것은 선에 대한 경제적 보상이라는 암시로 작용한다. 슈바벤 주민들은 검소하고 절약정신이 투철하고 부지런하고 기업가 정신이 뛰어나다고 널리 알려져 있다. (수입을 책임지는 주체인 가부장에 대비되는) 주부의 형상은 가족의 수입에 맞춰 지출을 책임지는 가족 가치의 수호신을 상징한다. 단순하지만 확고한 주부의 철칙은 수입을 과용하지 않고 어려운 때를 대비하거나, 속담처럼 집 지을 때를 대비해 저축하는 것이다. 가족의 명예를 위해서라도 반드시 피해야 하는 것이 빚을 얻어 남에게 의존하게 되는 것과 자식으로 하여금 부모의 빚을 갚게 하는 것, 두 가지이다. 화자는 한 사람의 주요 정치인으로서(그리고 주부의 관점을 지지하는 한 사람의 여성으로서) 발화하며 이 도덕적인 지혜가 재정정책과 예산정책에도 일 대 일로 직접 대입되어야 한다고 제시한다.

이 비유는 또 강력하면서 교묘하다.[88] '하우스할트'라는 한 단어가 가진 두 가지 뜻을 이용하여 개별 가계와 국가 예산의 경제적 집행 간의 차이를 암묵적으로 부인하기 때문에 판단을 그르치게 만든다. 한 가지만 보자면, 경제적 측면에서 하나의 가계가 시간상의 시작과 끝이 있는 개별 사안이라면, 국가 예산은 모종의 선출된 입법체가 국가의 수입과 지출에 관하여 해마다 반복적으로 행사하는 정치적 의사결정의 끝없는 사슬 속에 존재하는 한 요소일 뿐이다. 둘째, 아이들로 하여금 부모가 남긴

88 유럽노조연구소, 2013, 8쪽.

빚을 갚게 만드는 이른바 '부도덕'은 국가 예산과 국가의 부채 의존에는 적용되지 않는다. 자주 호명되는 '미래세대'는 필연적으로 채무자들뿐만 아니라 당대 채무자들에 대한 청구권을 물려받을 채권자들까지 포함하기 때문이다. 이 사실은 그 미래세대의 회원들, 즉 채무자들과 채권자들의 후예들 간의 재분배 문제로 이어지는 것이 당연하다. 이 문제는 그들끼리 정치적인 수단으로 해결하도록 그들에게 맡겨두어야 한다. 셋째, 도덕적으로 치장된 슈바벤 주부 이야기는 구성의 오류에 기초해 있다. 우리 중 어느 하나에 맞는다고 해서 그게 우리 모두에게 맞을 수는 없다. 모두가 순저축자(또는 말이 났으니 말이지, 순수출국도)가 될 수는 없다. 그랬다가는 그에 따른 수요 감소가 점점 심해지다가 실제로 심각한 경기 후퇴를 불러올 수준에 이를 것이다. 예컨대 사전에 확실하게 수익성을 알 수 없는(그 때문에 빚을 갚을 수 있는 가능성도 확실하게 알 수 없는) 기업가적 행위에 참여하기 위해 신용을 구매하는 투자자들처럼, 자본주의 시장 사회에서 일부는 반드시 (현재 벌 수 있는)소득 이상을 쓰며 살아야 한다.

그럼에도 불구하고, 예산정책에 덧씌워진 주부의 틀은 앞서 언급한 세 가지 반비유를 볼 수 없도록 시야를 가리고, 그래서 정치적인 고려에서 그런 요소들을 제거하는 변명으로 작용하기 때문에 여전히 강력한 힘을 발휘한다. 그 효과는 슐트(죄)와 슐트너(채무자)에 관한 두 번째 애매한 표현에 의해 강화된다. 슈바벤 주부가 경제적 선과 지혜의 화신이라면, 죄를 지은 채무자는 전형적인 도덕적 결함의 화신이다. 다음의 동일화는 명확하다. 채무자는 도덕적으로 열등한 자, 즉 죄인인데, 자기 수입의 한계 안에서 살아가는 데 필요한 자기절제가 부족하기 때문이다. 다시 말하면, 그를 소비자 신용에 의존하도록 강제하는 건 낮은 수입과 열악한 사회안전망이 아니고, 불완전한 통화정책이 부추긴 유별나게 싼 신용과 그에 더해 '서브프라임' 주택담보대출을 구매하도록 저항할 수 없는 기회를 제공해온 느슨한 대출 조건도 아니고, 금융 산업 주체들이 뭔가 '잘못될' 경우에도 '대마불사' 논리에 따라 구제받을 것을 확신할 수 있었기 때문에 경솔하게 부여했던 신용도 아니고, '실물'경제에 대한 투자와 고용을 자극하기 위해 빚을 늘려왔던 국가 채무자들도 아니다. '죄'라는 틀을 통해 이 모든 가능성들이 흐릿해지며 고려에서 제외된다. 깊숙이 뿌리내린 채무자의 도덕적 열등함 탓에 어떠한 채무변제(또는 유로 맥락에서 보자면, 유로본드 등을 통한 부채분담)도 채무자를 '도덕적 해이' 행위에 가담하도록 유도하는, 그래서 경제적 선善의 자급자족 명령에 따라 스스로를 '개혁'하는 대신 구제 제공자를 더욱 착취하게 될, 어리석고도 명백히 비생산적인 방안이 될 것이다. 이처럼 희생자 비난을 도덕적으로 포장하는 논리는, 적어도 그중에서 가장 거칠고 가장 대중적인 논리에서는, 우리와 그들의 대결이라는 국가적 집단주의 신호를 선과 악의 대결이라는 도덕적 행위자들로 등치시킨다는 점에 주목해야 한다.[89] 이들 두 가지 신호와 그 아래에 깔린 틀들이 합쳐져 유로존과 EU 전체의 통화 및 재정적 미래에 관한 지금의 담론 대부분을 형성했다. 이 담론이 덫에서 빠져나오지 못하도록 우리를 가로막는 기제로 작동한다고, 나는 주장한다.

물론 독일어 단어 몇 개가 가진 고유한 다의적 맥락에 프레임 이론을 간단하게 적용해본 것으로 정치적으로 구축된 프레임만으로 위기를(그리고 그 안에 '갇힌' 상황을) 설명할 수 있다고 주장하는 것은 아니다. 단지 어떻게 해서 독일과 오스트리아에

---

89 독일에서는 심지어 《쥐도이체 차이퉁》과 같은 수준 높은 신문들에서도 PIIGS 국가들을 '재정 죄인들'이라 약칭하는 것이 일상적인 관행이었다.

서(그리고 네덜란드에서도 마찬가지로)[90] 언어적 모호함을 이용하여 다른 나라에서는 보다 명시적인 이데올로기적 주장을 통해서나 성취할 수 있는 정치적 목적을 달성할 수 있었는지 보여주고자 하는 의도였다.

2011년 11월 28일에 베를린을 공식 방문한 폴란드 외무장관 라데크 시코르스키는 청중들 앞에서 독일이 유로의 가장 큰 수혜자이며 "(유로를)지속할 수 있도록 만들 가장 큰 책임을 지고 있다"는 점을 지적했다. 여기서 우리는 '이익'과 '책임'이라는 애매한 표현을 만나게 된다. 연설자는 문제의 행위자가 이익을 얻었다는 사실로부터 '책임'을 연역해내려 한다. 그는 자신을 초청한 국가가 소위 이 책임을 인식하고 짊어져야 한다고 주장했다. "유럽의 안전과 번영에 대한 가장 큰 위협은 유로존 붕괴입니다 …… 저는 독일의 힘보다 독일의 무기력이 더 두려워지기 시작했습니다." "독일은 유럽에서는 없어서는 안 될 국가가 되었습니다 …… 독일은 지도하는 데 실패하지 않을 겁니다. 지배하는 게 아니라, 개혁으로 이끌 것입니다."

---

90 게르트 마크, 2012, 100쪽.

이익에 관해서는 의심할 여지없이 장관의 말이 맞다. 위험한 적자국 채권에 투자하다가 도망쳐온 금융 투자자들은 독일 채권에서 안전한 도피처를 찾았다. 그 결과 독일의 실질 대출금리는 '평시'에 비해서도 낮아졌다(실제로는 마이너스). 또 독일은 유리한 유로의 대외가치에서도 이윤을 얻는데, 덕분에 독일은 유럽의 최대 수출국 지위를 유지할 수 있었다. '그리스'와 '아일랜드' 구하기는 넓은 의미에서 보자면 '시스템적으로 중요한' 독일 은행들이 그 나라들에 했던 투자를 간접적으로 구조하는 방안이었다. 또한 거기엔 독일의 고객들이 수입을 계속할 수 있도록 유지하는 장기적인 이해관계도 있는데, 고객들은 일단 유로존을 떠나면 대부분 수입을 지속할 수 없을 것이다. 또한 독일로서는 부정적인 정치적 이해관계도 있는데, 반드시 피해야만 할 어떤 것에 대한 이해관계, 바로 '경제적 또는 정치적 재난에 대한 책임을 정통으로 지지' 않아야 할 이해관계다.[91] 그러나 이들 이익을 모두 합친다 해도 그 자체로 '책임', 즉 특정한 대상에 의해 정당하게 요구될 수 있고 그러므로 구속력이 있다고 인식되

---

91 루카스 추칼리스, 2014, 60쪽.

는 청구권을 의미하지는 않는다.

이럴 때 얘기하는 정치적 책임은 연대의 책임이다.[92] 연대의 책임은 (모든 인간들과의 상호작용에 적용되는)도덕적 의무들보다는 제한적이고 (국가권력을 통해 시행되는 실정법에 의해 확립된) 법적 의무들보다는 광범위하다. 연대의 책임은 가족과 같은, '주어진' 공동체의 일원에게 적용되는 책임과도 다르다. 연대의 규범이 적용되는 대상은 진행 중인 하나의 프로젝트로 볼 수 있는, 의도적으로 구성된 공동체에 속하는 구성원들로 이루어지는 세계다. 연대의 책임은 (공화국을 건설한)프랑스 혁명과 (일부 자유와 정의의 실현을 겨냥한, 때로는 '사회주의'라고 불린)노동계급 운동들에 뿌리를 둔 연대 개념의 역사적 기원을 따른다. 내가 보여주려 했던 것처럼, EU의 경우 모두에게 공유되고 규범적으로 구체화된 '프로젝트'에 대한 전망은 대체로 사라졌고, 그와 더불어 지켜주는 편이 '우리 모두'에게(지속적으로 범위가 확대되는 '우리'의 범위 재정의와 함께) 유익하다고 판단되는 의무들을 지켜주는 경향도 사라졌다. 책임의 근원으로 남은 것은 공정

92 위르겐 하버마스의 연대 개념에 대한 논쟁 참조. (2013b, 100쪽~111쪽).

함에 대한 직관이다. 단일한, 그리고 동일한 제도적 계획이(말하자면, 유로가) 법적으로 구성된 공동체의 일부 구성원들에게 심각한 불이익과 고통을 부과하는 반면, 다른 일부에게는 이익을 주는 식으로 운영되는 것으로 판명났다면, 전자는 후자의 보조를 받아야 한다. 만약 운 좋은 '승자들'이 책임을 따르지 않는다면, 그들은 법적 공동체를 공유하는 다른 구성원들에 대해 공정해야 한다는 규범을 (이기적이고 어쩌면 어리석게)위반한 무임승차자들로 비난받을 수 있고, 비난받아야 한다. 현재 진행 중인 위기의 맥락 안에서 '연대'가 무엇을 의미하는지에 관한, 상대적으로 이해하기 어렵지도 않은 이 틀 안에 정치적 처리 과정을 거쳐 명확히 해야 할 사안들이 산적해 있다. 이런 정치적 처리 과정들이 패자들이 요구하는 것이 무엇인지, 승자들이 그 요구를 얼마나 헤아려야 하는지, 그리고 실제로 누구에게 어느 정도까지 지원이 가야 하는지를 결정한다.

그러나 2013년에 들어선 독일의 연립정부는 흔들렸다. 독일은 자신의 이익을 추구하지만 시코르스키가 '책임'이라 부르는 것은 무시한다. 독일은 ('연대'와 '합병' 간 거래 조건에 대한 일방적인 결정권을 고집함으로써)지배하지만 이끌지 않는다. 독일의 지도력이 필요 없는 상황을 만들 수 있는 유일한 방안, 즉 유럽(유로존)의 통치 능력을 개선하여 초국가적 지도자 역할을 맡기는 데에 독일이 걸림돌이 되고 있다. 독일은 이해관계와 징계의 계산법에 배치되는 공정성 기준에 따라 국경은 물론 사회계급들 간 분리를 넘어서서 자원을 나누는 것을 거부함으로써 지배한다. 지도적 위치를 떠맡는 것을 꺼리는 데는 충분한 근거가 있을 것이다. 시코르스키가 독일의 권력을 두려워하지 않는다 해도(또는 '덜' 두려워한다고 해도), 그의 관점은 적자국들에 널리 공유되지 못할 것이다. 적자국들은 이미 그들이 지금 겪고 있는 사회적, 경제적 재난이 부채분담 방안들에는 양보하지 않으면서 긴축 및 '개혁' 수단들을 강요하는 독일의 비타협적인 태도의 결과라고 틀을 지웠다. 이런 인식들과 다른 국가들이 가진 집단적 기억들을 고려할 때, 독일이 지도자 역할을 수용하는 것은 (값비싼)프로젝트가 될 것이며, 독일 유권자들의 지지도 받지 못할 것이라고 느끼는 독일 정치엘리트들의 입장도 이에 못지않게 당연하다. 그러므로 시코르스키는 (볼라피가 독일 '지도력'을 정열적으로 요구했던 것처럼)주체를 잘못 잡았는지도 모른다. 그렇지 않다면, 더 정확히 말하자면 잘못된 요구를 가진 행위자를 잡은 것이다. '올바른' 요구는 독일이 '이끄는' 것이 아니라 독일의 지도력을 대신할 수 있을 만큼 유럽의 능력을 키우기 위해 독일이 자신의 권력과 경제적 자원 일부를 포기하는 것, 다시 말하면 '없어서는 안 될' 국가가 지도자로서의 자신이 필요하지 않는 체제를 만드는 것이다.

그러나 이 방안이야말로 유권자들의 거부 반응을 두려워하는 독일 정치엘리트들이 지금까지 고려조차 하지 않으려 하는 바로 그 요구다. 하지만 유권자들과 유권자들의 성향은 절대 '주어진' 것이 아니다. 투표자들은 자신이 '진정으로' 원하는 것이 무엇인지 찾아내도록, 또는 원해야 하는 것이 무엇인지 깨닫도록 북돋아줄 의사와 능력이 있는 정치 지도자들로부터 정보를 얻고 계몽될 수 있다. 실제로 모든 유로 회원국들이 '예산 주권'[93]('우리한테 아무 지원도 기대하지 마라!'는 말의 완곡한 표현)을 보장받아야 한다는 원칙을 강조하는 연립 협약에 기초해 구성된 새로운 독일 거대 연립정부가 EU 단위의 제도 구축을 향

---

93 주요 문장은 다음과 같다. "각 회원국은 각자의 부채를 책임진다는 원칙은 지켜줘야 한다. 어떤 종류의 부채분담도 국가 정책의 필연적인 지향성을 위태롭게 할 것이다. 부채에 대한 국가적 예산 책임과 초국가적 의무는 양립할 수 없다." (저자의 번역)

한 건설적인 단계들을 앞에 두고 계속되는 이 망설임을 어느 정도까지(뭐라도 하긴 한다면) 바꿀 것인지는 두고 봐야 할 것이다. 소심한 엘리트들은 이런 단계들에 대한 고려가 공적 담론에 등장하는 것 자체를 금지하는 편을 선호할 것이다.

지금까지 봤을 때 독일표 긴축 조건부 관행은 책임질 준비도 없이 '아니오'라고 말할 수 있는 독일 정부의 권력, 다른 말로 하자면, 그 '아니오'에 내포된 비참한 사회적, 경제적 함의들로부터 벗어날 수만 있다면 어떠한 방안에라도 '예'라고 말할 수 있는 독일 정부의 권력을 행사하는 것이다. 독일의 비타협성이 유로 게임에 참가한 회원들에게 끼치는 부정적 외부효과들은 가면 갈수록 허구적으로 변해가는 '주권'의 이름으로 미화되어 제도적으로 표면화된다. 유럽통화동맹이 가진 제도적 결점에서 비롯된 문제들에 돈만 무한정 쏟아 붓고 있는 트로이카 체제와 정당성이 의심스러운 유럽중앙은행에 단기적인 위기 관리 임무를 맡겨둔 반면, 적자국의 회복을 위한 중기적 대책으로는 거의 치사량에 가까운 '재정규율'과 '구조개혁'이 처방되고 있다. 이런 전술들이 '유로존 국가들이 공동 보증하는 유로존 채권 발행처럼 독일이 정치적으로 곤란해 하는 질문들에 대한 논쟁'이 일어나는 걸 막는 데 도움이 될지는 모르겠다.[94] 그러나 가끔은 막판 양보와 패자들의 처지에 대해 동정하는 시늉 덕분에 은폐되기도 하지만, 문제는 여전히 금융적, 재정적, 경제적, 사회적 위기에 대해 '일단은 두고 보자'는 식의 태도가 계속되는 데 있다. 무엇보다 EU가 이런 제도적 위기에 대처하기 위해 무슨 조치를 취하긴 할 것인지가 문제다. 하지만 단기적인 이해관계만 추구하는 것이 독일의 장기적 이해관계에 최선은 아닐 것이 분명하다. 유럽통합의 정치경제학에 정통한 한 독일 학자가 분명히 관찰한 바대로, "통화동맹 내부의 보다 부유한 지역으로부터 막대한 양의 이전이 있을 때만 사회적 파국과 정치적 폭발을 피할 수 있다."[95] 이런 결론에 논란의 여지가 있음을 보여주는 눈에 띄는 증거는 없다. 거의 하나같이 공개적으로 인정하기를 꺼리는 정치엘리트들의 기회주의적 태도가 있을 뿐이다.

다른 한편으로 보자면, 핵심의 주체들이 자신들의 장기적 이해관계를 추구하는 데 얼마의 대가를 지불해야 할 것인지 알 수

---

94 쿠엔틴 필, 2012.

95 프리츠 W. 샤르프, 2014, 176쪽.

있는 계산법도 없다. 아쉽게도 역사는 시장이 아니다. 우리는 실현될 이득의 크기가 치러야 할 희생의 크기에 합당할지 어떨지 절대 확신할 수 없다. 연대의 원칙과 유럽 단위의 세계주의 원칙을 지켜야겠다는 확신을 갖지 못하고, 다른 이들이 나를 상대로 도덕적 해이를 저지르고 있다는 피해망상을 극복하지 못한다면, 우리는 우리의 가장 이기적인 이해관계들조차도 지키지 못하는 결과를 맞을 수밖에 없다. 무엇보다 적자국 회원 하나 또는 그 이상이 유럽안정화기구에서 받은 차관에 대해 채무를 이행할 수 없게 되어 지급 불능을 선언할 경우, 하나 또는 그 이상의 흑자국들이 그 채무 불이행에 대한 계산을 치러야 할 것이고, 줄잡아도 손해의 1/4이 고스란히 독일의 몫으로 떨어진다.[96] 유로통화 체제의 붕괴에 대한 비난과, 침묵함으로써 주변부가 비참한 상황을 겪게 만들었다는 핵심국가들에 대한 비난은 따로 또 같이 독일의 가장 이기적인 이해관계들마저 침해하는 수준에 이를 것이 틀림없다.

핵심과 주변부를 갈라놓은 새로운 분리의 양편에서 우리는

---

96 그레고어 페터 슈미츠와 조지 소로스, 2014, 91쪽.

정치적 논쟁을 불러일으키는 특징적이면서도 지리멸렬한 책략들을 본다. 유로와 부채 위기에 대한 이해의 사회학을 여기서 더 자세하게 다루지는 않겠지만, 엘리트들이 유권자들과 서로를 겨냥할 때 쓰는 전형적인 지능적 전략들을 네 가지로 분류해보고자 한다. 첫째, 오트마어 이싱의 경우에서 봤듯이, 핵심을 대변하는 화자들은 '흐름에 역행하는', 또는 의무에 관련된 개념을 사용하는 경향이 있는 반면, 주변부의 화자들은 그들의 문제를 '흐름을 따른' 또는 결과론적인 관점으로 언급한다. 전자의 관점은 '팍타 순트 세르반다pacta sunt servanda'* 논리에 따른 규범적 주장을 내세우는 데 이로우며, 조약에 따라 계약을 깨트렸거나 지금 책임을 져야 할 정책적 실수를 저지른 이들을 비난한다. 이와 대조적으로 '흐름을 따르는' 관점은 자신들이 요구하는 지원이 이루어지지 않았을 경우라는 무시무시한 반사실적 조건을 가정하며 자칫 발생할 수도 있었던 위기의 다른 결과들을 강조한다. 누구의 잘못이나 실수, 거짓 약속이었나를 떠나, 잘못 맺은 자살

* 팍타 순트 세르반다(pacta sunt servanda)는 "약속은 지켜져야 한다"라는 뜻의 라틴어 격언으로 국가별 민법과 국제민법의 대원칙으로 통용된다. — 옮긴이

계약을 순순히 따를 사람은 없는 법이라고.

둘째, 핵심의 화자들은 자신의 진단을 해당 국가와 정치지도자들이 저지른 고의적인 정치적 범죄로 틀 지우는 경향이 있는데 반해, 주변부 화자들은 자신과 각국의 전임 통치 엘리트들의 무죄를 주장하기 위해 (미국의 서브프라임 위기와 같은)국제적 맥락이나 잘못된 정보 또는 권고의 희생양이 된 것을 원인으로 지목한다. 셋째, 핵심의 화자들은 주변부 주체들이 요구하는 지원과 재정이전이 이성적인 계산과 효율적 운용으로 국부를 적법하게 관리해야 하는 수탁자인 국가 정부의 비용이자 희생이라 주장한다. '우리'가 적게 지불할수록 낫다는 것이다. 남부 유럽의 화자들은 반대로 동일한 지출을 연대의 의무와 약속의 명령이라 표현하며, 예상 공여국들은 투자하듯이 경제적 가치를 따지지 말고 그 명령에 따라야 한다고 말한다. 마지막으로, 양측은 조만간 '우리한테 좋은' 것이 '너한테도 좋은' 것이라 판명될 것이라는 점을 부차적으로 지적하고, 말미에는 '알고 보면 다 자기 이익 추구'라는 단서를 덧붙이며 자신들의 관점을 방어한다. 이런 식이면 핵심이 내거는 가장 가혹하고 가장 이기적인 '개혁' 조건조차 '입에 쓰지만 꼭 필요한 현대화 처방약'으로 선전될 수 있고, 주변부는 연대를 실천하는 것이 사실상 핵심의 장기적인 정치적, 경제적 이해관계를 추구하는 시나리오라는 암시를 줄 수 있다. 무엇보다 주변부가 회복되면 핵심 국가들의 수출시장도 안정화되는 셈이고, 주변부의 사회 및 경제가 더 쇠퇴하면 핵심도 값비싼 비용을 치러야 할 테니까.

아무리 강력한 방식으로 발화되더라도 이런 수사학적 수단들과 명제들은 어느 것도 '참'이 아니다. 고작해야 자신의 유권자들과 분리선 반대편에 있는 상대방에게 '설득력 있는' 주장이 될 뿐이다. 그러나 그 설득력의 정도는 그 자체가 사람들이 유럽통합을 공동의 정치적 정체성과 시민성에 뿌리를 둔 공유된 프로젝트라고 얼마나 생각하느냐는 정도에 달려 있다. 앞에서 간략하게 다룬 유럽통합의 지속을 지지하는 최종 유인誘因들의 대차대조표를 보면, 유럽 프로젝트가 실현되면 '우리 모두'가 혜택을 입을 것이라는 확신이 위기를 겪으면서 바닥나고 있다.

위기의 원인에 집중하면서 '잘못된 정책'에 따른 비난을 추가하는 '흐름을 역행하는' 패러다임조차도 확고한 진단들을 내놓지 못한다. 누군가 그리스 국가부채에 대해 정직하지 못한 보고서를 제출했다고 하더라도, 다른 사람들은 거기에 기꺼이 속아

주지 않았던가? 기안자조차 아무 해를 입지 않고 벗어날 수 있으리라고는 예상하지 못하는 자기기만적 술책인 제재 수단들이지만, 그를 통해서 조금이마나 적자 기준들을 강제할 수 있으리라는 게 마스트리히트 조약을 만든 가정이 아니었던가? 에스파냐에 부동산 거품을 일으켰던 장려금 정책을 에스파냐 정부가 만들었다면 정말로 더 잘 할 수 있었을까? 다른 국가들뿐만 아니라 독일과 프랑스도 통화권역의 결점과 공통통화에 관련된 빈약한 정책 능력에 대한 경고를 받았다. 이런 경고들은 왜 무시되었을까? 국가 대 국가의 비난 경쟁에 뛰어들기 전에 미래의 역사학자들이 할 일은 그들의 일로 남겨두는 편이 현명할 것이다. 그들은 이리저리 얽힌 (용서할 수 있는 종류와 용서할 수 없는 종류를 모두 포함하는)무지와 무책임, 잘못된 이해관계 추구가 위기의 근원에 있음을 알게 될 것이고, 기본적으로 '우리 모두'가 행동하고 또 행동하지 않음으로써 위기와 금융자본주의 운영 방식을 정지시키는 데 일조했다는 사실을 밝혀낼 수 있을 것이다.

그러는 사이에 우리는 '누구의 책임인가?'라는 질문에 대한 답들을 놓고, 그 답들 사이에서 관찰되는 한 가지 분석적인 차이를 진지하게 생각해보도록 하자. 바로 '인과적 책임'과 '교정적 책임' 간의 차이다.[97] 이 차이는 간단하지만 무거운 함의를 지닌다. 인과적 책임은 무엇을 했는가에 관계되고, 교정적 책임은 무엇을 할 수(할 여유가) 있는가에 관계된다. 후자는 행위자(회원국과 회원국 경제)가 집단적으로 행한 실수로 인한 고통을 정작 자신은 남보다 덜 겪거나 심지어 혜택을 보는 경우, 고통의 차이가 크면 클수록 다른 이들이 겪은 불리한 결과들을 보상하는 부담을 더 많이 져야 함을 의미한다. 이런 도덕적 계산법은 건전성 요구와도 합쳐질 수도 있는데, 부정적 영향을 가장 적게 받은 국가가 지금껏 상대적으로 적은 비용으로 그처럼 많은 이익을 얻도록 해준 합의를 보전하는 데 가장 큰 장기적 이해관계를 가진다는 사실을 말해준다. 책임과 이해관계가 어떻게 얽혀 있든, 지금 유럽에서 가장 큰 교정적 책임을 져야 할 주체가 누구인가라는 질문의 답은 명확하다. 바로 독일이다. 그러나 독일의 정치엘리트들과 대중은 이 답이 명확하다는 사실을 이해하고 그에 따라 행동하기를 거부한다. 놀랍지는 않다. 무엇보다 위기에 가장 적게 영향을 받은(심지어 위기의 덕을 보기도 한)

97 클라우스 오페, 2013. 참조.

이들이 위기를 치유하는 일을 중요하게 받아들이리라고 기대할 이유가 있을까? 그러려면 앞에서 말했듯이 독일 정치엘리트들에게는 위기를 겪으며 거의 증발해버린 유럽통합의 규범적 전망을 스스로(그리고 유권자들로 하여금) 약속하게 하는 것 이상을 필요로 할 것이다. 이 규범적인 약속을 못하겠다면, 독일이 공통통화를 파멸에서 구하는 데 '필요한 일이라면 뭐든지' 해야 한다는, 건전성을 근거로 하는 강력한 논리가 하나 더 있다. 이 주장은 통화권역의 해체에서 비롯되는 직접비용과 기회비용을 언급하는 두 부분으로 구성돼 있다. 첫째, 독일은 "안정적인 유로존으로부터 가장 많은 혜택을 보고 있으므로 그 해체를 가장 두려워해야 한다."[98] 둘째, 2012년에 독일헌법재판소가 승인한 '유럽안정화기구 창설을 위한 조약'의 제9조 3항은 "이에 유럽안정화기구 회원들은 자금 요청이 있을 시 무조건적으로 즉시 지불해야 하며, 이 조항은 되돌릴 수 없다 … 그런 요청이 있을 때는 수령된 날로부터 7일 이내에 지불해야 한다." 그러한 요청의 1/4 이상이 독일에 부과되는 직접비용이라는 점을 고려하면, 누

98 그레고어 페터 슈미츠와 조지 소로스, 2014, 25쪽.

가 정권을 잡더라도 독일 정부는 위급상황에 처한 유로존 회원이 그런 요구를 현실화시켜야 하는 상황을 막는 데 그야말로 강한 동기를 가질 수밖에 없다.

그러나 이처럼 중대한 건전성 고려사항임에도 불구하고 2013년 12월에 정부정책의 기초가 된, 기독교민주당과 사회민주당 간에 체결된 연합조약에는 놀라울 정도로 느긋한 접근법이 반영되어 있다. 노련한 외교관이기도 한 어느 정책분석가는 "많은 독일인들이 현상을 즐기고 있다. 독일인들은 '너무 야심찬' 정책이나 개혁을 제안하여 EU를 확장해야 할 필요를 전혀 느끼지 못하는 데다 거대한 전략적 질문들에는 관심도 없다. 그저 자신을 평화롭게 내버려뒀으면 하고 바란다"[99]라고 논평했다. '독일의 지도력'이란 그런 것이다. 그리고 주요한 경제정책 전문가인 마르첼 프라처는 '주도적이기보다는 반동적인 사소한 조치들로 이루어진 정책'이라 표현했다. 그가 보기에 독일 정부는 "유럽에 대해서는 표가 날 정도로 어물쩍거린다."[100]

---

99 《뉴욕타임스》, 2013년 12월 16일자.

100 상동.

제 9 장

'희박한' 시민성

— EU 지배체제의 흉한 얼굴

유럽연합을 통치하는 체제는 특이한 비국가적 형태의 통치체제다. 이 체제는 '희박하고' 고도로 중간자적인 종류의 시민성을 부양하고 있는데, 앞에서 인용한 피터 마이어의 표현대로 이런 시민성은 통치를 실행할 수 있는 기회들을 아주 제한적으로만 산출해낸다. EU 통치체제는 최고의 사법 권력인 유럽헌법재판소와 최고의 통화 권력인 유럽중앙은행을 거느리고 있는데, 유럽이사회에서 지명하고 유럽의회에서 선출하는 위원장이 우두머리가 되어 법률 제정을 발의하는 EU집행위원회와 달리 이 둘은 어떠한 형태든 공식적인 정치적 책임 범위에서 벗어나 있다. 유럽연합 조약 제17항은 EU집행위원회가 "연합의 보편적인 이익을 도모해야 한다"라고 규정하고 있으면서도, 기본적으로 '보편적 이익'이라는 것의 의미가 여러 정당과 집단적 주체들 사이에서 논란이 되고 있으며 오직 정치적 논쟁의 결과로만 구체화

될 수 있다는 사실은 언급조차 하지 않는다. 그러나 위원들의 "(아마도 정당들로부터의?)독립성은 의심의 여지없이 보장되어야 하기"(같은 조약) 때문에 정치적 논쟁은 허용되지 않는다. 유럽이사회 회원들은 물론 선출되지만, 유럽을 통치하는 임무로 선출된 것이 아니라 각국의 정치지도자로서 선출된 것뿐이다. EU 각료회의도 마찬가지다. 유럽의회가 법률 제정 권한을 EU각료회의와 공유하고 있기는 하지만, 유럽의회의 구성원들만이 (회원국들의 국가별 선거법을 따르기는 하지만)법률 제정을 통해 유럽을 통치한다는 목적에 따라 유럽 시민들에 의해 선출된다.

EU의 최고 정책수립 기관이자 게이트 키퍼는 당파에 기초하지 않는 (초국가주의에 대비되는)정부간주의 유럽이사회다. 유럽이사회는 회원국 정부의 수반이나 국가원수들로 구성되기 때문에, 말하자면 '유럽'이 낄 자리가 없다.[101] 유럽이사회는 매년 네

---

101 정확하게 말하자면, 유럽이사회는 EU집행위원회 위원장에다 EU 외교안보정책 고등관뿐만 아니라 사안에 따라 자체적인 상임의장도 협상 테이블에 앉힌다. 유럽연합 조약 제15항과 제17항, 제18항에 구체적으로 언급되어 있듯이, 이들 관리들은 직접적이거나 간접적으로 유럽이사회의 (추천 또는 선출, 지명에 의한)절차적 산물인 반면, 유럽이사회에서 이례적으로 볼 수 없는 유일한 EU 기구 우두머리는 유럽이사회의 통제력에서 전적으로 독립돼 있는 유럽의회 의장뿐이다.

차례 이상 회동을 가지며 EU의 방향과 우선순위를 정하고 EU 정책들에 '자극'을 주지만 유럽주의 법률 제정에는 관여하지 않는다(대게 브뤼셀에서 열리는 정례 회동이 끝나면 거의 모든 유로존 회원들은 남아서 개별적인 회담들을 갖는다). 밀실에서 이뤄지는 이 기구의 의사결정 형식은 독특하다. 투표를 하지 않고 이사회 상임의장이 '결론'을 이끌어내는데, 회원들 중 누구도 공식적인 반대를 표명하지 않으면 이것이 합의된 정책 보고서로 채택된 것으로 간주된다. 이런 방식은 또한 역관계를 반영하게 되는데, 보통은 유력한 프랑스-독일 공감대에 대한 잠재적 반대자를 침묵시키는 데 기여한다. '예측된 반응의 법칙', 즉 누구도 거부될 가능성이 있는 계획은 제출하지 않는다는 법칙에 따라 지배적인 역관계가 저절로 관철되는 셈이다. 이런 만장일치 규정은 회원국의 국가 최고정치인들이 타협할 수 있는 선의 최소 공통분모를 의미한다. 만약 이런 방식이 아니라 어떤 형태든 다수결 규정이 적용되었다면, 소수 그룹으로 분류된 대통령이나 총리들의 국가 유권자들은 다수 국가들이 찬성한 모종의 '외부 규정'을 적용받는 대상이 되는 현실에 저항할 수 있다(그리고 분명히 저항할 것이다). 이런 합의는 유럽이사회에 의한 (법으로 규정된 것은 아니지만 '충격을 주는')통치의 잠재적 유효성을 심각하게 제약한다. 유럽이사회 회원들 각자가 총리직 등에 선출된 것은 분명하지만 그 덕분에 유럽연합이 아니라 각자가 맡은 국가의 선에 복무하도록 위임받았다는 사실은 유럽이사회의 민주적 정당성을 제약한다.[102] 그러므로 유럽이사회 구성원들은 그들을 선출하지도 않았을 뿐더러 자리에서 쫓아내자고 투표할 수도 없는 사람들을 지배하고, 그 사람들을 구속하는 의사결정을 내린다.[103] 이와 대조적으로 유럽의회의 구성원들은 EU 법률 안에서 유럽 시민을 대표하는 특별한 목적을 위해 선출된다.

이 복잡한 제도적 구성의 약점[104]은 잘 알려져 있다. 이런 문제들은 굉장히 왜곡된 '본인-대리인principal-agent, PA' 관계로 묘사

---

102 다시 한 번 정확하게 말하자면, 독일 헌법 제23조 1항은 연방공화국이 '유럽연합의 발전'을 추진해야 한다고 공식적으로 밝히고 있다. 그러나 이 헌법 조항이 정책수립뿐만 아니라 선거에서 행하는 역할은 해석에 따라 크게 달라지며 국내 문제나 다른 국가적 사안에 비하면 전반적으로 보잘 것 없다.

103 예를 들어, 민주적인 포르투갈의 시민들이 투표로 유럽이사회 회원 역할을 수행하는 앙겔라 메르켈을 그 자리에서 쫓아낼 수 있는 방법이 없다. 포르투갈 시민들이 정말로 하고 싶어 하는 일이 바로 그것이라는 강한 경험적 징표들이 있는데도 말이다. 2013년 여론조사에 따르면 조사대상 에스파냐인의 88%와 이탈리아인의 82%가 EU에 미치는 독일의 영향력 비중이 '너무 크다'는 데 동의했다. (《슈피겔》, 2014년 1호에 게재).

될 수 있다. 정치에서 이상적인 유형의 본인-대리인 관계, 즉 대의민주주의에서 발생하는 것처럼 규범적으로 과도한 노력을 요구하지 않는 모델은 다음과 같이 작동한다. 대리인(예를 들어 국회나 정당 구성원)은 본인(유권자)에 의해 본인이 속한 영토 또는 명시적인 영역의 인민들에게 집단적으로 적용되는 의사결정을 하는 데 있어 본인을 대표하도록 위임되고 권한을 부여받는다. 대리인이 이 임무를 수행하고 있는 한 대리인은 인민들을 위해 행동한다. 대리인이 본인의 기대를 충족시키지 못하거나 자신이 한 약속을 지키지 못하는 경우, 대리인은 책임을 지워준 본인에 의해 제재(표를 잃거나 대리권 또는 직위를 박탈될 위험을 통해 처벌)당할 것이다. 본인이 가진 이 제재 능력이 적용된다는 점에서 국민의 제재를 받기는 통치도 마찬가지다. 이 기제가 제대로 돌아가기 위해서는 본인이 합당한 정확도로 결과를 대리인들 탓으로 돌릴 수 있게 해주는 투명성이 필요하고, 이 투명성은 언론과 다른 공적 영역 참가자들이 제공해야 한다. 만약 이런 조건들(위임, 특정 영역 또는 영토에 한정된 법적 권한,

---

104 더 정확하게 말하자면, 정부간주의와 초국가주의 논리가 혼합된 그 제도들의 특성.

투명성, 책임)이 모두 존재한다면 잘 굴러가는 본인-대리인 관계라 말할 수 있다.

이 모델은 EU 체제와 같이 불완전한 본인-대리인 계약을 진단하는 잣대로도 쓰일 수 있다. 유럽이사회처럼 대리인의 영역이 본인의 영역과 일치하지 않는 경우는 하나가 부족한 상태다. 말하자면, 국가의 유권자들은 자신의 대리인으로 정부를 선출했는데, 그 정부의 우두머리가 본인의 영토적 영역 바깥에 있는 사람들에게 영향을 주는 의사결정을 할 자격을 부여받는 셈이다. 이런 일이 일어난다는 점에서 보면, 세상에는 자신을 대표하도록 그 대리인에게 권한을 주지도 않았고 제재를 가하여 그 대리인의 권한을 박탈시킬 수 있는 권리를 부여받지도 못한 '정책수용자'가 있게 된다. 만장일치 규정에 따라 돌아가는 유럽이사회에도 이런 종류의 결점이 적용된다. 대리인들이 의사결정을 할 수 있도록 허용되면 훨씬 더 심각한 결점이 나타나는데, 의사결정의 결과를 책임질 주체가 없다는 문제다. 이 결점은 유럽중앙은행과 유럽헌법재판소, 그리고 '연합 법의 적용을 감독'[105]하는 측면에서는 EU집행위원회도 포함되는, 정치색을 없앤 비정치화된 수탁 기구들 모두에 해당된다. 이런 경우에는 본인과 대리인의 역할이 통합되는데, 대리인 행위의 기반이 되는 위임의 형태가 자기가 자기한테 위임하는 '자임' 이상이 될 수 없기 때문이다. 유럽중앙은행과 EU집행위원회와 같은 거시경제 감시기구들의 기능이 늘어나면서 문제는 더 심각해진다. 이들 기구는 제도적으로 책임 체계의 범위에서 완전히 배제되어 있으며, 극단적인 경우에는 트로이카가 채무국들에 강요한 조건부 통치기구가 된다. 세 번째 유형의 제도적 결점은 모든 '정상적인' 입법기관의 핵심 능력이라 간주되는, 말하자면 과세와 지출에 대한 의사결정, 예산법 처리, 법률 발의와 같은 기능이 허용되지 않은 유럽의회의 경우처럼, 대리인이 해당 영토의 인민을 완벽하게 대표하면서도 아주 제한적인 범위만을 대리할 때 발생한다.[106] 본인-대리인 관계의 마지막 결점은 위임/대표

---

105 〈유럽연합에 관한 조약〉 제17조 1항.

106 게다가 유럽의회는 '국민 의회' 또는 정상적인 입법부의 기준을 맞추지 못하는(그리고 앞으로도 맞추기 힘들) 변칙적 형태로 고통 받고 있는데, 기준을 맞추려면 '1인1표' 규정과 평등한 표 행사 원칙을 따라야만 할 것이다. 예를 들어, 독일과 룩셈부르크의 인구 비율은 204:1인데, 룩셈부르크(또는 몰타 또는 언젠가는 아이슬란드도)의 유권자들은 현재 시행 중인 '체감적 비례' 규정이 폐지되어 유럽의회에서 자신들의 대표성이 급격하게 줄어드는 데 동의할 것 같지 않지만, 독일헌법재판소는 이미 하원에서의 '체감적 비례' 규정이 '비민주적'이라고 판결했다. 연방헌법재판소, 2009년 일지, 274~295쪽.

관계의 연쇄가 지나치게 길어질 때 나타난다. 정당은 유권자를 (대신하여 결정하고) 대표하고, 의회는 정당과 정당 간의 상대적인 힘을 대표하고, 정부는 의회를 대표하고, EU집행위원은 자신을 대리인으로 임명한 회원국 정부를 대표한다. 이 길게 늘어진 연쇄적인 대리관계는 대표라는 개념을 다소 공허해 보이게 만들 수 있다.

프리츠 샤르프가 오랜 기간에 걸쳐 여러 글에서 강조했듯이, 사람들의 일상생활에 가장 큰 영향을 미치는 EU 기구가 바로 유럽중앙은행과 유럽사법재판소, EU집행위원회와 같이 민주적 책임으로부터 제일 멀리 떨어져 있는 기구들이다. 이들은 완전히 비정치화되었고, 그래서 시민과 정당, 의회가 무엇을 선호하거나 거부하든 전혀 상관없이 행동할 수 있다. 여기서 다시 한 번 우리는 정치와 정책 간의 깊은 단절을 마주하게 된다. 한편에서는 시민들의 핵심 관심사와 생계 문제에 관한 정책을 수립하려는 어떠한 지각된 의도도 보여주지 않는 (정체성에 관련된 '문화 전쟁'을 포함한)포퓰리즘적 대중 정치를 자주 볼 수 있다. 다른 한편에서는 정치에 뿌리를 두지도 연관을 갖지도 않을 뿐더러 정치를 통해 쌓은 정당성도 없는 엘리트주의 정책 수립 방식이 있다. 정치권력의 근거가 되는 약속과 주장들(즉, 정치)은 금융시장의 명령에 좌우되는 사이에 권력의 원천(국민)이 그 권력을 정부에 위임한 목적과 분리되어 버렸다. 국민이 권력을 정부에 위임한 목적은 그 권력이 정책 수립 과정에 효과적으로 채택되어 사용되는 것이었다.

이제 재정위기와 통화위기 상황에서, 즉 EU 정치가 '비상 체제'[107]로 전환되고 모두가 거대하고 임박한 위험들에 대해 고민할 때 어떤 일이 벌어졌는지 살펴보자. 무엇보다 긴급 사태들은 신속한 조치를 요구한다. 시간이 촉박하니 심사숙고나 시간을 질질 끄는 절차나 분쟁 조정 따위로 시간을 허비해서는 안 된다. 위기가 만들어낸 시간적 압박은 '성급한 걸 미덕으로, 의견 차이는 꼴사나운 것으로' 만들었고, "변덕스러운 대중 여론에 맡겨두기에는 너무 큰 이해관계가 걸린 문제였다."[108] 둘째, '예외적인 시기에는 예외적인 수단이 필요한 것'처럼[109] 기존의 규정과

---

107 조너선 화이트, 2013, 1쪽.

108 같은 책, 2쪽, 5쪽.

109 바호주, 조너선 화이트, 2013, 1쪽에 인용.

절차를 형식적으로 모두 따르느라 신속하게 위기에 대처하지 못하는 것은 완전히 어리석은 일이었을 것이다. '생존'이 위기에 처했다는 주장이 먹히는 상황이라면 생존을 지키기 위해 시행되는 건 무엇이든 따로 정당화를 필요로 하지 않는다. 유일한 정당화는 성공적인 결과이기 때문이다. 비상시기는 '규정집을 내려놓는' 시기다. 반드시 취해야만 하는 조치는 전문가들의 손에 맡겨지고 정치적 논쟁의 장에서는 격리된다. 급박한 상황은 유럽중앙은행의 국채매입 프로그램에 대해 유럽사법재판소나 독일헌법재판소가 언젠가는 내놓을지도 모르는 사법적 반대의 경우와 같이, 실정법과 심지어 헌법적 규범조차 무시할 수 있는 절대적인 필요를 창출한다. 규범들과 뒤이은 사법적 반대들이 신속하고 효율적으로 비상사태에 대처하는 데 방해가 된다는 주장이 있는 한, 이들은 교묘히 따돌려지고 그 자리는 재앙을 막는 데 '필요한 일은 무엇이든' 할 수 있는 무소불위의 권한 위임과 일시적인 의사결정, '급조된 새 제도들'[110]로 대체된다. 동의를 얻었거나 법적으로 규정된 방식이 아니라 '필요'하고 '달리 대

---

110 같은 책, 3쪽.

안이 없는' 방식에 따라 조치가 취해져야 한다. 시간적 압박, 규정을 결정으로 대체하는 행위, 책임성을 지닌 정치인을 기술관료적 전문가로 대체하는 결정은 한데 모여 '본인', 즉 시민의 영향력을 근본적으로 해체한다. 다가오는 재앙, 비상사태, 예외적 상황, 실존적 위협이 있다는 담론은 정교한 '감시 틀'에 대한 필요, 즉 회원국들의 모든 금융 관행들을 감시하여 '불안정성'을 감지해내도록 설계된 틀을 토대로 안정과 안전을 구하고 복구해야 한다는 반박할 수 없는 주장과 혼합된다.[111] 법과 그 강제력을 통한 통합 대신에 우리는 직접적인 물질적 강제력과 조건부 협박에 기인하는 협력 방식을 취한다. 어떠한 형태로라도 긴축 수단들과 그 외의 '개혁' 요구들을 거부하면, 수령인들의 생존이 걸려 있는 지원을 취소당하는 벌을 받기 때문이다. 이런 지배 양식이 금융시장으로부터 오는 압박을 EU가 법적으로 무방비인 회원국들을 대상으로 행사하는 압박으로 바로 해석되는

---

111 그 임의적인 방법들과 정책적 함의들을 보면, 영구적이고 포괄적인 감시에 대한 강조를 포함하여 이 담론은 9.11 사태로 촉발된 '시큐리타이제이션(securitization)'의 시민사회-경제적 유사물로 볼 수 있다. 공통분모는 실존적 위험의 이름으로 법적인 제약으로부터 정책을 해방시키는 것이다.

데까지 이르렀다는 점에 주목하자. 최악의 경우에 EU는 소리 없이 경제 권력의 힘을 증폭시키는 정치적 증폭기 역할을 한다.

그러나 정치적 좌파에서 유래하긴 했지만 따져보자면 '보수적인', 유럽통합을 방어하는 일련의 주장들이 있다. 요약하자면, 이런 주장을 하는 사람들은 지금까지 성취된 유럽통합을 규제되지 않는 시장 자유와 소위 '평평한' 운동장에서 이뤄지는 초국가적 경쟁을 위해 국가의 보호 기능들을 제거해버린, 대체로 '부정적인' 통합의 과정으로 본다. 무역과 투자, 생산요소 이동의 자유화는 민주적으로 제정된 권리 기준과 법적 규제에 따라 사회적, 정치적 사안들을 규제하고 보호하고 관여하는 국민국가의 능력을 잠식했다. 그 결과 대체로 허울뿐인 데다 허구적이긴 하지만 조약이 회원국들에게 승인해준 '보충성' 유보조항에도 불구하고 민주주의 국민국가들이 수십 년에 걸쳐 구축한 시장과 국가 간의 균형은 심각하게 시장 쪽으로 기울어 점차적으로 민주적 정의의 정치와 사회 통합을 좀먹고 있다. 그리고 이 과정은 부채위기의 충격 속에서 더 가속화되었다. 어느 정도까지 국가적인 생산과 분배 체제의 통제 아래 있던 투자자들과 고용주들이 이제는 순수한 시장 자유와 '부정적인' 통합의 지배 아래에서 온갖 종류의 '탈출'을 선택하여 국가의 통제로부터 달아날 수 있게 되었다. 만약 어떤 곳에서 법적으로 유효한 규정들과 조건이 마음에 들지 않으면, 그들은 '정권 쇼핑'에 나선 다음 어디로든 옮겨가서 그곳의 노동력을 구매하거나 일자리를 찾을 수 있다. 그러나 훨씬 넓은 범위로 이뤄지는 상호 경쟁에 던져진 건 투자자들과 상품 생산자, 노동, 용역뿐만이 아니다. 지금은 정책과 세금 관리체제를 운용하여 (무엇보다 과세 기반의 전략적 원천인)자본을 끌어들이고 투자자들의 탈출을 막기 위해 노동비용과 사회적 지출을 절감하라는 끊임없는 압력에 노출된 국가들의 사정도 마찬가지다. 국가마다 과세 기반(뿐만 아니라 '사회적 평화'의 토대인 고용 기반)으로 삼을 투자를 유치하고 유지하려 노력하다 보니 국가 자체가 경쟁자로 바뀐다. 이런 측면에서 보면 '무역의 장애물'인 국경과, 시장이 '비효율적'이라 판정한 회원국의 내부 분배 양식과 사회보장 제도를 허무는 데 의존하는 '부정적인' 통합 형태를 통해, 유럽은 시장의 힘을 해방시키기보다는 제약하는 경우가 많았던 정책 수립 능력을 국가와 민주적 유권자들로부터 빼앗는 시장 자유화의 기제이다.

그러나 이것이 이 이야기의 필연적인 결말은 아니다. 헌법

이론가인 포섬과 메넨데스는 이 문제를 간단명료하게 설명한다. EU 헌법의 구조는 "구조적으로 엄청난 민주주의 결여를 만들어내고, 이는 정치 약화로 이어진다...... 경제적 자유들을 입헌제화함으로써 잠재적으로 모든 국가법을 유럽 헌법과의 합헌성을 검토해봐야 하는 대상으로 만들었고, 최소한으로나마 경제적 자유들을 제한할 수 있는 사회경제적 정책들을 떠맡은 국가적 정치 과정의 영향력을 빼앗았다 ······ 국가적 조치알러레히트스타트 Sozialer Rechtsstaat(사회적 법치국가)는 철수했거나, 아니면 의심을 받고 있다. 이런 현상이 초국가 단위에서의 정치적 역량 복구와 함께 진행되지도 않았다는 사실이 극적일 뿐이다."[112] 달리 말하자면, 생각하기에 따라서는 시장이 끼친 국가적 주권 손실을 유럽통합이 초국가 차원에서 보상하고 회원국 차원에서 잠식되어온 정치의 시장규제 능력을 재구축하여 왜곡된 균형을 보다 높고 포괄적인 차원에서 보전하고 회복시키는 '긍정적인' 종류가 될 수도 있다. 그러나 그런 일이 일어나려면 EU가 영토적으로, 또 기능적으로 시민들을 대표할 수 있는

---

112 에릭 포섬과 호세 메넨데스, 2011, 224쪽, (강조 생략).

기제와 선출된 입법 기구들, 책임성 있는 초국가적 통치기구들을 완비한 초국가적 민주 정체[113]로 변화되어야만 할 것이다.[114] 지금까지 봤을 때는 계속해서 '부정적' 통합 과정들이 (대체로 통합 과정에서 긍정적 통합을 옹호하는 정치 세력들을 근절함으로써) '긍정적' 통합의 역동성을 앞질렀으며, 사실상은 '긍정적' 통합을 아예 가로막았다는 데 의심의 여지가 있을 수 없다. 그렇다고 EU를 국민국가들과 그 유권자들로부터 효과적인 '목소리'를 낼 수 있는 정치적 자원들을 분명하게 박탈해버리는 시장형성기제에 다름 아니라고 단정적으로 비난하는 것은 너무 이른 감이 있다.[115] 무엇보다, 그리고 내가 독자들에게 납득시켜려 했던 것처럼, 국가 단위 정책 수립의 장으로 회귀하는 것은 상당

---

113 저자는 "지금 단계에서, 연합을 민주적으로 재구축하는 일이 동시에 헌법적인 결실을 맺기에 충분할 만큼 집중된 유럽연합의 갑작스럽고 급격한 정치화를 방해할 것 같지는 않다"라고 인정했다. (상동)

114 이것이 성취될 수 있도록 하는 상당히 다양한 헌법 이론들과 제안들이 위기를 경험하면서, 또 그 이전에도 발전돼왔다. 필리페 슈미터, 2000, 위르겐 하버마스, 2012, 클라우디오 프란치우스와 울리히 프로이스, 2012, 울리케 귀로트와 마크 레너드, 2011년. 스피넬리 그룹, 2013년. 루카스 추칼리스, 2014. 이들 헌법적 제안들에 대한 논의는 대체로 이 책의 관심분야 바깥에 있다.

115 알베르트 히르슈만, 1970.

히 실현 가능성이 낮은 대안이며, 지금까지 EU 단위에 있었던 기술관료적 성격이 강한 지배체계는 적어도 민주적 정당성 같은 것이 절박하게 필요하다는 점을(논리적으로는 아니었을지라도) 분명하게 알고 있었다.

제 10 장

국경과 사회적 분리를 넘어선 재분배

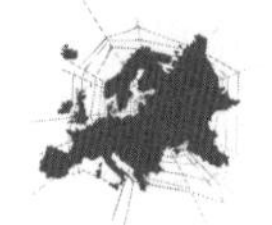

앞에서 봤듯이, EU는 골고루 퍼진 다양한 갈등들로 갈라져 있고, 유로존은 특히 더 심하다. '북 대 남', '기존 회원국 대 신규 회원국', '재국가화 대 통합 심화', '저항의 정치 대 기술관료적 정책 수립', '초국가주의 대 정부간주의', '핵심 대 주변', '신자유주의 대 민주자본주의를 재구축하려는 좌파적 전망'이 일관된 양식을 이루지도 못한 채 정치적, 이데올로기적 틈새들을 이리저리 가로지르고 있다. 선명한 '지배 이데올로기'와 나름의 의제를 갖춘 널리 통용되는 반대 논리가 대립하는 구도로 정립되기보다는 중첩되고 서로 교차되는 혼란스러운 충돌 양상이 기구를 마비시키고 아무 것도 낳지 못하는 사회적 역학을 만들어낸다. 저마다 상황을 달리 해석하는 여러 틀과 정의가 혼란스럽게 대두되며 방향을 알 수 없게 만들고, 몇몇 유로존 참여국들과 주변부에서 일어난 경제적 노동시장 위기와 위기는 그 충격에 가장 많이 노출된 이들 입장에서 볼 때 소득과 안전, 공공서비스 접근성 측면에서 점점 더 참을 수 없는 상황을 만들어가고 있다. 핵심 회원국들의 시민들에게 위기란 '우리'에게 영향이 미치지 않도록 정부가 최선을 다해 막아줄, 멀리서 일어난 통상적인 경제적 부침에 따른 소란일 뿐이다.

나는 유럽의회 선거에서 반유럽주의 우파 포퓰리즘 세력들이 강력하게 대두되었으니 그에 대한 대응으로 좌파와 중도 성향의 유럽주의 정당들이 강력한 전략적 계획들을 제시할 것이라 기대하는 이들의 소박한 희망들을 공유해야 할지 잘 모르겠다. 내겐 유럽 단위에 민주적 제도들을 구축해야 한다는 혁신적인 계획을 옹호하는 이들 가운데서도 눈에 띄는 정치적 영향력과 사람들의 마음을 움직이는 울림이 보이지 않는다. 뻔뻔스러운 '민주주의 결여'와 그에 기인한 EU 전반의 취약한 정책적 능력을 대부분의 지식인 엘리트들이 혼란스러운 문제로 받아들이는 데 반해, 다른 사람들은 별다른 고통거리로 여기지 않는다. EU집행위원회가 지나치게 엄격하게 지배하며 관료적으로 '우리' 일에 참견하는 데 대한 엄청난 대중적 불만과는 대조적으로, EU의 의사결정과정을 민주화하는 과제는 '대중적 기반'

을 가진 하나의 요구로 보이지 않는다. EU와 유로존의 제도적 틀을 혁신하고 민주화하는 계획이 그 자체로 광범위한 유권자들의 열정과 야망을 일깨울 수 있는 것이 아니라면, 사회정의와 그에 걸맞는 정책과 정책능력이라는 현실적인 사안들이 유효하게 위기에 대응할 수 있는 일종의 대리인을 동원할 수 있는 가능성이 더 클지도 모른다.

내가 마지막 장에서 검토하고자 하는 사안이 바로 이 마지막 견해다. 아마 말할 필요도 없겠지만, 정책 수립의 형태와 내용에 대한 구분은 잘해봐야 일시적이다. 일단 '올바른' 사안들이 정책 테이블 위에 오르기만 하면, 사안들은 (지금까지 이용할 수 없었던 제도화된 정당성과 절차를 통한)적절한 처리법에 따라 처리될 것이다.[116] 그렇다면 EU를 정치화할 수 있는 가능성을 가진 '올바른' 사안들은 무엇인가? 내가 보기에 이 질문에 대한 타당한 대답이 되려면 세 가지 시험을 통과해야 한다. 그 사안은 EU가 자신의 책임과 약속이라고 이미 채택한 사안이어야 한다. 그 사안은 정치적 대리인을 동원할 수 있는 가능성이 있어야 한

---

116 현대 건축이론가들이 잘 아는 것처럼, "형태는 기능을 따른다!"

다. 그리고 그 사안은 일단 정책 의제로 선정되었을 때 경제 위기에 효과적으로 대처하는 데 도움이 될 것이라는 약속을 담고 있어야 한다. '회원국 간, 사회계층 간 소득재분배와 사회안전망 구축을 통한 사회정의 개선'은 이 세 가지 기준 모두를 깔끔하게 만족시키는 (아마도 유일한)사안이다. 이 사안은 (〈유럽연합 조약〉 제3조 3항과 〈유럽연합 기능에 관한 조약〉 제151조에 명기된) '사회적 차원'을 가진 EU라는 야망을 만족시킨다. 이 사안은 빈곤과 불안정성에 위협받고 있는 유럽연합에 속한 유럽인들[117]의 이해관계에 명백하게 부합한다. 점점 늘어나고 있는 이들은 이제는 자신들이 '구제될' 차례라고 강력하게 주장하고 있으며, 또 마땅히 그렇게 요구할 권리를 가지고 있기도 하다. 이 사안은 유효수요가 개선에 따른 팽창효과로 고용과 재정수입을 늘리는 데 기여할 것이라 약속한다. EU 의제에 이런 종류의 재분배 정책들이 꾸준하고 견실하게 포함된다는 사실이 널리 알려지는 순간, 유럽 정책 문제들에 대한 폭넓은 관심과 대중적인 참여 부족을 걱정할 이유도 한순간에 사라질 것이다.

---

117 가이 스탠딩, 2011.

그 (하위 구성 지표를 들여다보지는 못하더라도)종합적인 현황에서 드러나는 극단적인 경우를 좀 더 자세히 들여다보자. 5년 사이에 GDP가 23.5%, 투자가 58.4% 줄어든 나라, 노동인구 실업률이 26.7%이고 청년 실업률이 60.4%인 나라, 총 280만 가구 중 230만 가구가 납부하지 못한 세금 부채를 지고 있는 나라, 총 가구의 48.6%가 주 수입원으로 연금에 기대고 있는 나라, 350만 명의 고용된 노동자들이 470만 명의 실업 또는 비노동 인구를 부양해야 하는 나라. 볼프강 뮌하우[118]가 2014년 봄에 그리스 상황을 제대로 관찰하고 말한 것처럼, 이런 나라는 "경기침체를 겪고 있는 것이 아니다. 회복하고 있는 것도 아니다. 그냥 붕괴된 것이다."

정책 제안들은 차고도 넘치는데, 이런 상황 자체가 '대안'이 있다는 증거로 기능한다. 남은 부채를 지속가능한 수준으로 낮추려면 어느 정도 규모가 있는 국가부채 탕감('재구성')이 요구된다. 유럽중앙은행은 국가부채 탕감으로 인한 손실을 떠안게 될 '시스템적으로 중요한' 은행들의 자본구성 변경 문제를 담당해

118 볼프강 뮌하우, 2014.

야 하는데, 키프로스식 '베일인'*에 의지할 수도 있을 것이다. 직접세에 적용되는 범 EU적인 '세금 동조tax harmonization'는 '정권 쇼핑' 관행들과 국가 간 자본 유출의 동기를 꺾는 데 도움이 될 것이다. 예산적자는 긴축 수단들과 '내부적' 평가절하로만 대처할 수 있는 게 아니라 고소득자와 부자들에 대한 세금을 인상하고, 부유한 이들이 국채를 사도록 강제하는 것으로도 해결할 수 있다. 간접세는 국가의 과세 기반이 그 나라를 떠나지 못하도록 만드는 커다란 장점과 역진적 성격을 가지고 있다는 잘 알려진 약점이 있다. 상대적으로 가난한 사람들이 소득의 더 많은 부분을 소비하고, 그래서 간접세 부담 비율이 더 크다. 소비에 누진제(과세연도별 소득 – (투자 / 저축))를 적용하면 어떨까? 이와 같이 산정된 개인 소비에 대한 누진세는 일률적인 판매세를 대체할 것이고, 분배 정의[119]의 측면에서 보자면 직접세와 간접세의 이점을 결합하는 것이 되지 않을까? 더 나아가 실업

---

* 베일인(bail-in)은 지급불능 상태에 빠진 은행의 채권자들이 보유한 채권을 주식으로 전환하거나 일부를 상각해 은행의 파산을 막는 방식을 이르는 용어로 채권자들이 손실을 부담하는 방식이다. 국가나 구제금융 등이 취약한 은행의 파산을 막기 위해 신규 자금을 투입하는 구제금융(bail-out)과 대비되는 파산방지 방식이다. — 옮긴이

119 이 내용은 막스 헬트가 진행 중인 박사학위 과정 연구를 참조했다.

보험 제도[120]와 사회지원 및 빈곤구제 제도[121]를 유럽화하기 위한 제안들이 만들어졌다면, 이런 제안들이 현실화될 경우 분명히 부수적 작용으로 유럽을 분배적 정의 문제를 경감시킬 수 있는 하나의 정치체로 보는 대중적인 인식이 커질 것이다. 게다가, 조약들이 받들어 모시는 '보충성' 원리를 위반하지 않고서도 (EU가 천명한 '결속'을 다지겠다는 목표에 완벽하게 부합하는)현시점의 일인당 GDP에 반비례하게 연동된 최대 허용 지니계수를 상세히 서술하고 있는 유럽법을 회원국들 사회에 시행할 수 있다. 회원국들이 각자의 GDP 수치에 상응하는 지니계수 목표를 (과세, 빈곤구제, 최저임금, 기본소득 계획 등을 통해)어떻게 맞출지는 전적으로 국가 차원의 법률 제정에 달려 있으므로 조약이 요구하는 '보충성' 조건에도 부합할 것이다. 또한 부채로 고통받는 국가들에서 도피하는 것으로 특정할 수 있는 금융투자자들의 예금을 상업은행들이 받지 못하도록 금지할 수 있다. 신중하게 표적을 세우고 한시적으로 운용되는 자금 이동 제한 조치

120 제바스틴 둘린, 2008.

121 필리퍼 판파레이스, 2013.

가 신성모독이 아닐까 심각하게 고려될 리는 없으니, 이런 수단들을 옹호하는 정당들은 그 결과로 선거에서 충분히 득표수를 늘릴 수 있을 것이다.

EU실행위원회는 니트족(고용, 교육, 훈련 어디에도 속하지 않아 그 연령대에서 받을 수 있는 어떠한 제도적 보호도 받지 못하는 15살에서 24살 사이의 젊은이들)[122] 문제를 사실상의 시한폭탄으로 인식하기 시작했다. 그런 인식이 EU각료회의가 개인이 니트 상황에 처하면 4개월 내에 어떤 형태든 보호를 제공하라는 '청년보장' 제안*을 회원국들에게 내놓는 결과를 낳았다. 이 프로그램의 비용효과를 분석한 국제노동기구 보고서[123]가 있는데, 청년보장 계획이 유로존 전역에 실시될 경우에는 비용이 연간 210억 유로, 즉 유로존 GDP의 0.22%가 소요될 것이라 밝혔다. 이

---

122 2012년 유로파운드 자료 참조.

123 국제노동기구, 2012.

* 2012년 12월에 EU집행위원회는 만 24세까지의 청년들이 정규 교육을 마치거나 실업한 뒤 4개월 안에 일자리 또는 교육을 제공받거나 인턴으로 일할 수 있도록 하는 '청년 보장' 지원을 각 회원국 정부에 촉구했는데, 청년 실업률을 감소시키는 데 일조한 핀란드의 청년 보장 제도를 많이 참조했다. 핀란드는 2011년에 청년 구직자의 83.5%에게 실업자 등록 3개월 이내에 만족할 만한 지원을 제공하였다. — 옮긴이

비용과 비교하면 청년보장 계획을 채택하지 못할 경우, (소득이 전과 상실된 수입, 상실된 세수 측면에서)총비용이 1,530억 유로(GDP의 1.21%)에 달할 것이라고 유로파운드 연구가 추정했다. 이 계산은 청년보장 제도가 매년 700% 이상의 자본수익률(이윤 + 회피한 손실)을 보장하는 터무니없을 만큼 수지맞는 사업 계획이라는 점을 보여준다. 그러나 이 이윤은 어느 누구의 재산권도 구성하지 않으므로(그러기는커녕 '우리 모두'에 득이 될 가능성이 크다) 잘해봐야 마지못해 실행될 공산이 크고, 그 사이 니트족 비율은 룩셈부르크와 오스트리아, 스웨덴, 독일[124]을 제외한 EU 전역에서 늘어날 것이다. 긴축으로 인한 손실을 보여주는 가슴 아픈 실례다.

특히 거시경제적 안정화를 추구하는 주장들이 유럽주의 사회 정책 수립을 제약하는 장애물을 제거하는 정치적 투쟁들과 결합한다면, 이것들과 또 다른 정책 제안들이 유럽 단위의 법률 제정을 통해 대거 시행될 수 있다. 문제는 이런 일이 일어나기 전에 '국가 대 국가'라는 지배적인 '방법론적 국가주의' 규준

124 유럽노조연구소, 2013, 77쪽.

이 사회경제적인 '계급 대 계급'이나 '세대 대 세대'는 아니라 할지라도 부분적으로나마 위기의 '승자 대 패자'의 규준으로 치환되거나 보완되는, 기본적인 '상황에 대한 '정신적 재구성'이 요구된다는 점이다.

두 가지 종류의 재정적 수단들이(그리고 그것들의 다양한 조합들이) '사회적 유럽'에 가까운 어떤 것을 고무할 수 있다. 당연한 얘기지만 재정 수입 측면과 지출 측면에서 운용될 수 있다. 재정 수입 측면을 보자면, '헤어컷'*, '베일인'으로 알려진 수단들, 금융거래에 대한 토빈세**, 막대한 재산에 대한 일회성 세금, 다양한 형태의 부채 공동부담과 실업보험의 부분적인 유

* 헤어컷(Haircuts)은 담보채권의 시장가치와 실제 대여된 자금과의 차이를 말하는 금융 용어로 금융기관의 순자산가치를 평가하는 과정에서 가격이 하락한 유가증권의 장부가치를 현실화하는 것을 의미한다. — 옮긴이

** 토빈세(Tobin Tax)는 국제투기자본이 무분별하게 자본시장을 왜곡하는 것을 막기 위해 단기 금융거래에서 발생하는 차익에 부과하는 세금으로 제안자인 제임스 토빈의 이름을 땄다. 금융거래세라고도 부르며 세계 금융 위기 때 주목을 받아 세계적인 논의를 불러일으켰다. 금융시장 안정화와 정부의 세수 확보에 도움이 되지만 한 국가만 도입했을 경우에는 자본 유출의 빌미가 되기 때문에 도입에는 상당한 어려움이 있다. EU의 경우 2013년 2월에 독일, 프랑스, 이탈리아, 에스파냐 등 11개국이 2014년 1월부터 토빈세를 도입하겠다고 발표했으나 도입 범위와 세율 등을 놓고 갈등을 빚으며 시행이 무기한 연기되었다. — 옮긴이

럽화[125]와 같은 사회보장제도의 위험분산, 국경 내외부의 사회적 분리를 뛰어넘어 양쪽 모두에서 효과를 낼 수 있는 회원국들 간 재분배 수단들을 포함할 것이다. 이런 수단들은 또 유효 수요를 지키는 자동 안전장치로도 기능한다. 앞에서 말한 수단들은 이런 측면에서 볼 때 '정권 쇼핑'의 범위를 제한하게 되므로, EU 전체를 통틀어 소득세(법인세)의 동조를 얻는 데도 도움이 될 것이다. 다른 유형의 재정적 수단들에는 전체로서의 사회적 예산을 대상으로 하든, 아니면 연금이나 빈곤구제 등과 같은 특정한 정책 영역들을 대상으로 하든, 최저한도의 공공지출을 표준화하는 작업을 포함한다. 예를 들어, 2014년 1월에 완전히 효력을 발휘하게 된 무제한적인 유럽 이동성과 그로 인한 갈등들, 그리고 루마니아와 불가리아에서 유입되는 빈곤 이주 문제를 고려한다면, 이주민이 유입되는 회원국들은 이주민이 유출되는 국가들 내부에서 빈곤과 빈곤의 이주 효과를 줄일 수 있도록 더 나은 빈곤 구제와 아동수당 정책들을 요구할 수 있을 것이다.

---

125 이 제안은 제바스틴 둘린의 여러 저작물들과 정책제안서에서 제시되고 정교하게 다듬어졌다.

EU집행위원회와 다른 최고 유럽 기구들의 지도층이 '경제통화동맹의 사회적 차원 강화'[126]를 향한 믿음을 줄 수 있도록 노력을 기울여야 할 절박한 필요성을 아주 분명하게 감지했다는 데는 의심의 여지가 거의 없다. 최저임금 체계가 합의되면 '사회적 덤핑' 관행들과 싸우는 데에 도움이 될 것이다. 판파레이스(2013년)는 합법적으로 EU에 거주하는 모든 이들에게 나이나 노동시장 참가 여부, 가족 유무에 상관없이 매달 1인당 200유로를 온당한 최저소득으로 지급하는 '유로 배당금 제도'를 채택하자고 제안했다. 유로 배당금의 재원은 부가가치세와 토빈세, 탄소세를 모두 묶은 수입으로 충당할 수 있고, 최저소득은 '어떤 환경에서도 의지할 수 있는 든든한 최저선'을 제공할 것이다. 최저소득은 역으로 공간적 이동성과 노동시간의 유연성을 촉진하는데, 이 모든 효과가 기능적 관점에서 보자면 상당히 바람직해 보인다. 이런 계획의 동기부여 효과를 보자면, "이 계획은 모두에게 전체적인 물질적 취득분에서 얼마간 명확한 몫을 주게 될 것이고, 이는 지체 없이 EU의 존재 그 자체에 기여하게 될 것이다

126 EU집행위원회, 2013.

…… 그러면 번영이 회원국들과 지역, 가계 등 EU의 모든 부분에 혜택을 준다는 사실이 분명하게 보일 것이다." 시민들 개인의 물질적 이해관계와 EU 간에 강한 연결고리가 생성되는 효과가 생기는 것이다. 이것들 및 이와 유사한 제안들이 두 가지 특징을 공유하고 있다는 점에 주목하자. 첫째, 세금을 재원으로 한 소득이전의 수령인이 시장참여자/고용인이나 곤란에 빠진 사람이 아니라 시민이라는 정체성에 결부되어 있다는 점이다. 둘째, 그런 재분배 정책들이 기반하고 있는 정의의 규범이 평등주의가 아니라 공화주의와 '충분성의 원리'*라 불리던 것이라는 점이다.[127]

그러나 범 EU 차원의 사회정책을 회복하려는 야심이 주목할 만큼 진척을 보지 못하도록 가로막는 주요한 제도적 장애물이

---

* 충분성의 원리(The Doctrine of Sufficiency)는 정의의 관점에서 볼 때 중요한 문제가 모든 사람이 동일한 몫을 받는 것이 아니라 각자가 자신의 삶의 계획을 실현하는 데 충분한 몫을 받는 것이며, 불평등은 그 자체가 나쁜 것이 아니라 '충분한 재화 제공'이라는 이상을 침해하는 결과를 낳을 때 정의롭지 못하다는 내용을 담고 있다. 그러므로 평등배분과 불평등배분의 정당성은 '충분성 기준'에 비추어 그때그때 판단해야 한다. — 옮긴이

127 고전적 출처는 해리 프랑크푸르트, 1987.

두 개 있다. 첫째, 유럽의회와 유럽이사회가 일반적인 입법 기구들이 가지고 있는 재정 권한들을 가지고 있지 않다는 사실에 기인한다. 둘째, 세금을 부과할 수 없고, '기획성 채권'[128]을 발행할 수 있는 약간의 여지가 있긴 하지만 채권을 발행하여 수입을 만들어낼 수도 없다. EU의 예산은 회원국들의 만장일치 표결로 정해진다. 예산은 연간 EU GDP의 1%로 제한돼 있고, 그중 1/3을 넘는 막대한 금액이 농업보조금으로 배당돼 있다. 요컨대, 지금까지의 EU는 의미 있는 재분배 역할을 획득하는 데 필요한 자원들을 관리하지 않는다. 다른 제도적 장애물은 대부분의 사회적 정책 수립이 금전적 이전을 포함하고 있는 한, 〈유럽연합 기능에 관한 조약〉 제153조 4항에 명기된 소위 '보충성 원리'는 불리는 로마 가톨릭의 사회적 원칙에 따라 회원국 내부에서 결정하도록 엄격하게 제한되어 있다는 사실과 관련돼 있다. 이 두 가지 심각한 제약을 고려했을 때, EU의 사회적 정책 역할은 대체로 '사회적 대화'를 후원하고, '개방형 정책조정'을 지도

---

128 예를 들자면, http://www.cliffordchance.com/briefings/2013/09/europe_2020_projectbondsanewfinancin.html 참조.

하고, 국가별 고용, 사회 정책 수립과 성취 정도를 감시하고, 유럽 2020전략 전반을 통해 회원국들이 적용해야 할 사회적 정책 목표들을 정의하는 등의 방법들로 제한된다.

EU집행위원회 고용 및 사회통합 분과 위원인 라슬로 언도르(2013a, b)는 '실질적인 융합을 떠받칠 수 있는 유럽 단위에서의 규정과 절차, 역량'으로 구성된 경제통화동맹의 사회적 차원 재구축을 요구한다. 목표는 '경제통화동맹 단계의 의사결정 과정에서 경제적 효율성과 사회적 형평성을 화해시키는 것'이다. 이를 위해서는 분명 감시 지표들을 제시하고 국가 및 초국가적 협력자들과 사회적 담론들에 대해 권고 또는 호소를 천명하는 정도에 그치는 전통적인 도구들보다는 많은 것이 필요하다. 언도르 위원에 따르면 필요한 것은 표적 국가들이 경기 순환적 하강 국면에서 회복하도록 지원할 수 있는 유럽통화동맹 단위의 재정 능력과 실업급여 계획, 그리고 유럽연합의 법률 제정을 통해 고용과 사회적 기준들을 연동하는 것이다.

초국가 단위에서 (재)분배 수단들을 운용하려면 '투입'의 정당성을 부여해 줄 기제가 필요하다는 것이 사실이지만, 더 큰 사회 안정과 더 많은 교육 및 보건 지출을 목표로 하는 정책을 내놓는 것 자체가 EU에 정당성을 안겨줄 가능성이 충분하고, EU의 '사회적 차원'을 개선하고 보다 믿음직하게 만드는 과정을 통해서도 이 정당성이 강화될 수 있다는 점 또한 사실이다. '긍정적' 통합과 '투입' 정당성은 순환적 인과관계의 고리로 서로 연결되어 있다고 봐도 충분하다. 그러므로 이 두 가지 주요 제약 요소는 그 자체로 논의와 논쟁의 대상이 된다. 둘은 한동안은 더 논쟁의 대상이 되다가 핵심과 주변 간의 사회적, 경제적 운명의 분리가 심화되면서 점차 논쟁의 장에서 모습을 감추기 시작할 것 같다.[129] EU집행위원회가 '거시경제적 안정화' 문제에 대해 통제력을 가져야 한다는 필요성은 다들 인지하고 있는 바이고, 이는 '회원국들에게 경제적 충격이 주는 위험을 분산하는 보험제도'를 제공하는 방안에 대한 공개적인 숙고로 이어질 것이다. 또 '이런 수단들은 상당한 조약 변경을 요구'하는데, 이는 점점 늘어가는 거시경제에 대한 관리 문제들이 요구하는 대로 '조약

---

129 이 과정은 분명 느리다. '개혁 피로'를 이유로 적자국들을 비난하려면 EU 당국들 역시도 그 병에 걸려 있으며, 변명의 여지가 더 없으면 없었지 많지는 않은 EU 관리들이 공통 품위의 문제로 훨씬 더 자제해야 함이 마땅하다.

들에 대한 근본적인 정비'[130]가 필요하다는 사실을 암시한다. '보충성'원칙을 철저하게 지킨다면 통치의 효과는 과거보다도 더 적어질 것이다. 무엇보다 유럽의회와 EU 각료회의가 재분배 정책들에 관여하는 폭을 넓혀가는 행보는 비단 '자동 안정화 장치'를 통해 유효수요를 강화해야 한다는 기능적 요구 때문만은 아니다. 더이상 무시하기에는 숫자 면에서나 영향력 면에서 너무 커진 포퓰리즘 세력들의 준동과 저항을 중재해야 할 분명한 필요성 역시 못지않게 강력한 요인으로 작용할 것이다. 이번에는 은행과 국가가 아니라 금융위기의 타격을 제일 심하게 받은 노동자와 실업자, 청년, 연금생활자들을 구제해야 한다. EU가 신중하게 계획하고 지원하는 일련의 물질적 권리들이야말로 덫에서 벗어날 수 있는 해답이다.

130 EU집행위원회, 2013, 10쪽~11쪽.

옮긴이의 말

2008년 금융위기 이후로 늘 위기 상황이기는 했지만 요즘 유럽연합은 하루하루가 벼랑 끝을 걷는 것처럼 조마조마하다. '운명의 한 주'라 불린 6월 첫 주에만 그리스와 국제채권단 간 구제금융 담판이 무위로 끝났고, 그리스는 IMF에 일방적으로 부채 상환 연기를 통보했으며, 새로운 그리스 구제금융 협상을 위한 준비가 다시 시작됐다. 항간에는 독일이 이미 유로존 붕괴를 예상하고 열심히 마르크화를 찍어내고 있다는 소문이 돌고, 일부는 그리스가 결국 디폴트를 선언하겠지만 그렉시트는 없을 거라는 전망을 내놓았다. 다행히 월말에 채무를 일괄 상환하겠다는 그리스의 통보를 IMF가 받아들여 파국은 6월 말로 유예되었다. 그리스가 6월 말에 IMF에 상환해야 하는 채무 규모는 15억 3000만 유로(약 1조9000억 원)에 달하고, 7월과 8월에는 유럽중앙은행에서 빌린 각각 35억 유로와 32억 유로 규모의 채무 상환 기일이 도래한다. '운명의 6월'은 운명의 7월과 운명의 8월을 예고하고 있다.

줄곧 숨 가쁘게 돌아가는 소용돌이 한가운데에서도 이 책의 논지는 놀랄 만큼 차분하고 명징하다. 시간 별로 사건들을 줄줄이 나열하거나 자극적인 수치들을 들이대지도 않는다. 저자의 시선은 그보다 훨씬 깊고 근본적인 지점을 향하고 있다. 덫에 걸린 유럽연합을 이야기하기 위해 맨 먼저 하이에크로 대변되는 자유주의 '시장'론부터 살펴보는 이유가 그래서다. 저자는 시장 자체가 저절로 형성되어 저절로 굴러가는 것이 아니라 국가와 정책의 지원과 도움과 승인과 보호를 받아 유지되는 것이며, 더불어 시장 자체가 끊임없이 경쟁이라는 작동원리를 회피하는 방향으로 움직이는 자기파괴적 성격을 갖는다는 점을 서두에 간략하지만 명확하게 밝힌다. 저자는 이 두 가지 전제 위에 유로존과 유럽연합의 구조와 작동 방식을 명쾌하게 분석하여 쌓아올린다. 유럽을 이리저리 찢어놓은 다양한 갈등들과 그 기저에 무엇이 있는지 낱낱이 갈라 드러내고, 유럽연합과 통합을 바라보는 유럽 지식인들의 입장과 주장들을 가지런히 정리하여 장식한다. 믿기 어려운 일이지만 우리는 이 한 권의 책으로 앞서 잠깐 얘기한 유럽연합 상황의 맥락을 이해할 수 있게 된다. 앞으로도 뒤로도 옴짝달싹하지 못하게 만든 '덫'의 구조를 이해하는 순간 유럽연합을 구성하는 수많은 주체들의 입장과 그들의 상호작용을 바라보는 나름의 시각, 최소한의 '관전 포인트'를 갖게 되는 것이다.

저자는 여기서 그치지 않고 유럽연합을 옥죄는 '덫'이 이중의 덫임을 지적한다. 정치동맹으로 나아가지 못한 유럽연합은 국민국가의 틀을 뛰어넘은 시장의 자기파괴적 활동들을 충분히 제어할 수 없다. 시장은 본질적으로 승자와 패자를 양산하고, 유로존은 애초에 체급이 다른 참여자들 간의 차이를 고려하지 않은 채 설계되었다. 시장이 작동하면서 이런 차이를 저절로 보완하고 조정하리라는 자유주의 시장론자들의 무책임한 전망은 철저하게 배신당했다. 그러나 첫 번째 덫에 갇힌 유럽연합은 이전의 상태로 돌아가지 못한다. 아니, 이런 상황 자체가 유럽연합이 갇힌 첫 번째 덫이다. 저자가 밝히는 두 번째 덫은 사뭇 잔인하기까지 하다. 위기 자체가 위기를 극복할 주체들의 발현을 가로막고 있다는 사실. 저자는 경제통화동맹에 머물러 있는 유럽연합이 정치적 대리인으로서의 정당성을 획득하지 못하는 구조와 한계를 지적하고, 대안으로 널리 받아들여지고 있는 독일 지도자론의 타당성을 냉정하게 검증하고 폐기한다. 유럽연합은 림보에 갇힌 채 필연적인 파멸을 향해 떠밀려가는 형국이다.

이 책의 미덕이 가장 잘 드러나는 부분은 여기서부터다. 옥스퍼드대 유럽정치학 교수인 얀 지엘론카 교수의 《유럽연합의 종말》과 크게 궤적이 달라지는 부분도 이 부분이다. 지엘론카 교수는 유럽연합이 실질적인 힘을 잃게 될 것이고, 이는 국민국가가 강화되는 신베스트팔렌 체제가 아니라 국민국가의 통제력은 더 약해지는 반면 주요 도시와 비정부기구, 다양한 클럽들과 네트워크들이 수평적인 힘을 발휘하는 신중세 시대가 도래할 것이라 전망했다. 올해 만 75세인 클라우스 오페 교수는 전망하지 않는다. 지금 유럽연합을 옥죄고 있는 이중의 덫을 냉정하게 정의해낸 다음, 저자는 미래를 전망하는 대신 최소한의 해결책을 모색한다. 첫 번째 덫이 만들어낸 사회적 고통을 줄이는 동시에 두 번째 덫을 늦출 수 있는 방법, 바로 올바른 사안들을 정책 논의의 테이블에 올려 EU를 정치화하는 방안이다. 저자는 올바른 사안의 기준을 제시하고 그 기준에 합당한 의제들을 제시한다. 나는 이것이 평생 사회적 책임을 고민해온 저자가 세계의 동료들에게 지식인의 책무를 요구하는 것이라고 생각한다. 앞으로도 뒤로도 갈 수 없고, 문제를 해결할 정치적 대리인조차 없을 때에, 바로 그 정치적 대리인들이 생겨날 수 있도록 올바른 사안들을 골라 정책 논의의 테이블에 올려놓을 주체는 누구이겠는가? 바로 자신을 포함한 지식인들일 것이다.

이 책이 동료 학자로부터 '이상하게 마음이 따뜻해지는 책'이라는 평을 듣는 것도 이상한 일이 아니다. 마치 자신의 신념인 듯 책 앞부분에 "우리가 '개혁'이라는 단어를 사용할 때는 단 한 걸음일지라도 더 나은 분배적 정의를 향한 주도적이고 '진보적인' 어떤 것을 의미한다"라고 밝혀놓은 이 냉철하고 꽂꽂한 노학자에게 경의를 표한다.

참고 자료

조르조 아감벤, 〈끝없는 위기, 권력의 도구—조르조 아감벤과의 대화〉, 벌소우북스, 2013. http://www.versobooks.com/blogs/1318-the-endless-crisis-as-an-instrument-of-power-in-conversation-withgiorgio-agamben

페리 앤더슨, 《새로운 구세계》, 벌소우북스, 런던, 2009.

라슬로 언도르, 〈깊이 있고 진정한 경제통화동맹의 사회적 차원 개발〉, 《정책보고》, 유럽정책센터, 2013a.

http://ec.europa.eu/commission_2010-2014/andor/documents/developing_social_dimensio-en.pdf

라슬로 언도르, 〈유럽주의 사회 모델 강화에 대하여〉, 〈성장과 사회적 결속을 향한 진보적 방안. 중동부 유럽의 미래 의제들〉 회의 연설, 폴란드, 빌니우스, 2013b. http://europa.eu/rapid/press-release_SPEECH-13-901_en.htm?locale=en

클라우스 아르밍게온과 카이 구트만, 〈위기에 빠진 민주주의? 유럽 국가들의 국가적 민주주의 지지도 하락〉, 《유럽정치학연구저널》, 2013년 12월 20일.

국제결제은행, 《국제결제은행 분기보고서》, 2014년 3월. http://www.bis.org/publ/qtrpdf/r_qt1403.pdf

알렉스 바커, 〈EU 각료들이 은행동맹 구상에 착수하다〉, 《파이낸셜타임스》, 2013년 12월 17일.

미헬 베히텔과 옌스 하인뮐러, 요탐 마르갈리트, 〈국제적 재분배에 관한 성향 차이—유로존 구제금융에 관한 의견 분리〉, 《미국정치학저널》, 2014.

베르텔스만재단, 〈남부 유럽 회원국들의 유로 탈퇴가 가져올 경제적 충격〉, 《정책보고》, 2012년 6월. http://www.bertelsmann-stiftung.de/cps/rde/xbcr/SID-4837FF17-837E03F3/bst/xcms_bst_dms_36638_36639_2.pdf

올리비에 블랑샤르와 다니엘 리, 〈성장예측 착오와 재정 승수〉, 《IMF작업보고서》, IMF, 2013년 1월.

페터 보핑거와 위르겐 하버마스, 율리아 니다-뤼멜린, 〈외형적 민주주의에 반대한다〉, 《프랑크푸르터 알게마이네 차이퉁》, 2012년 8월 3일.

안젤로 볼라피, 《독일의 용기—모델로서의 독일》, 돈첼리, 2013.

독일연방헌법재판소, 〈리스본 조양에 관한 독일헌법재판소 판결〉, 2009년 6월 20일. http://www.bverfg.de/entscheidungen/es20090630_2bve000208.html

콜린 크라우치, 《탈민주주의》, 폴리티, 2004.

히리스토프 도이치만, 〈금융화의 한계—금융위기에 대한 사회학적 분석〉, 《유럽사회학아카이브》 제52호, 2011년 3호, 347쪽~389쪽.

제바스틴 둘린, 〈유로존 실업보험〉, 《정치과학재단 연구보고서》, 정치과학재단, 2008년 여름.

http://www.swp-berlin.org/de/publikationen/swp-studien-de/swp-studien-detail/article/arbeitslosenversicherung_fuer_die_eurozone.html

헨리크 엔데를라인, 〈유럽연합에서의 연대—경제적 관점에서〉, 《유럽주의 연대와 국가정체성—유로 위기의 맥락에서》, 2013a. 모어 지베크, 83쪽~97쪽

헨리크 엔데를라인, 〈위기의 첫 희생자는 민주주의다—금융시장 위기의 경제정책과 그 정당성, 2008~2013〉, 《계간 정치》, 제54권, 2013b, 714쪽~739쪽

EU집행위원회, 〈EU집행위원회가 유럽의회와 EU각료회의에 보내는 전언. 경제통화동맹의 사회적 차원 강화를 위하여〉, 2013년 10월 2일.

유로파운드,《니트족: 고용, 교육, 훈련 어디에도 소속되지 않은 젊은이들—유럽에서의 성격, 비용, 정책 대응》, 유럽연합 출판부, 2012.

유럽노조연구소, 《노동하는 유럽 조사연구서》, 유럽노조연구소, 2013.

하이너 플라스베크, 《위기 신화들》, 주르캄프, 2012.

존 에릭 포섬과 아우구스틴 호세 메넨데스, 《헌법의 선물—민주주의 유럽연합을 위한 헌법이론》, 로먼&리틀필드 출판, 2011.

해리 프랑크푸르트, 〈도덕적 이상으로서의 평등〉, 《윤리학》, 1987, 제98권, 21쪽~43쪽

클라우디오 프란치우스와 울리히 K. 프로이스, 《유럽 민주주의의 미래》, 하인리히 뵐 재단, 2012.

크리스 질스와 케이트 알렌, 〈동남아시아의 전환—세계 경제성장의 새로운 리더들〉, 《파이낸셜타임스》, 2013년 6월 4일. http://www.ft.com/intl/cms/s/0/b0bd38b0-ccfc-11e2-9efe-00144feab7de.html#axzz2z3FZtpH0

체르슈틴 가멜린과 라이문트 뢰브, 《유럽의 권력 브로커들》, 에콘, 2014.

로버트 J. 고든, 〈미국의 경제성장은 끝났는가? 비틀거리는 혁신이 여섯 가지 역풍을 맞다〉, 미국경제연구소 보고서 제18315번, 2012년 8월.

사라 고든, 〈그들에게 신용을 좀 주세요〉, 《파이낸셜타임스》, 2014년 2월 19일. http://www.ft.com/intl/cms/s/0/3d260e6c-956b-11e3-8371-00144feab7de.html#axzz2z3FZtpH0

울리케 귀로트와 마크 레너드, 〈독일의 새로운 문제—독일을 궁핍에 빠뜨리는 법〉, 유럽 외교관계이사회, 2011년 4월.

에른스트 B. 하스, 〈국제통합—유럽의 과정과 보편적 과정〉, 《국제기구》, 1961, 제15권, 366쪽~392쪽

위르겐 하버마스, 유럽연합의 위기》, 폴리티, 2012.

위르겐 하버마스, 〈민주주의 아니면 자본주의?〉, 《독일 및 국제정치학 보고서》, 2013a, 59쪽~70쪽.

위르겐 하버마스, 《기술관료주의의 결과》, 주르캄프, 2013b.

알베르트 히르슈만, 《탈출, 목소리와 충성심—기업과 조직, 국가의 쇠퇴에 대한 대응》하버드대학 출판부, 1970.

알베르트 히르슈만, 《열정과 이해관계—승리 이전의 자본주의를 위한 정치적 논쟁들》, 프린스턴대학 출판부, 1977.

스티븐 홈즈와 캐스 R. 선스타임, 《권리 비용-왜 자유는 세금에 의존하는가》, W.W.노턴&컴퍼니, 1999.

국제노동기구, 〈유로존 일자리 위기—경향과 정책적 대응들〉, 국제노동연구소, 2012.

국제노동기구, 〈2014년 세계 고용 경향〉, 국제노동사무소, 2014.

오트마어 이싱, 〈각자의 재정을 간수하고 독일 비난을 멈춰라〉, 《파이낸셜타임스》, 2014년 3월 25일. http://www.ft.com/intl/cms/s/0/9a1636a6-b2c1-11e3-8038-00144feabdc0.html#axzz2z3FZtpH0

마크 레너드와 호세 이그나시오 토레블랑카, 〈놀라운 대륙의 유로회의주의 부상〉, 《가디언》, 2013년 4월 24일. http://www.theguardian.com/commentisfree/2013/apr/24/continental-euroscepticism-rise

피터 마이어, 〈정치적 반대와 유럽연합〉, 《정부와 반대》, 2007, 제42권, 1쪽~17쪽

게르트 마크, 《유럽이 실패하면 어떻게 될까?》, 파테온, 2012.

데이비드 마쉬, 2013. 《유럽의 막다른 길—유로 위기의 해법과 해결되지 않는 이유》 예일대학 출판부, 2013년.

로버트 A. 먼델, 〈최적 통화 지역 이론〉, 《미국경제평론》, 1961, 제51권, 657쪽~665쪽

볼프강 뮌하우, 〈그리스가 디폴트를 선언할 때〉, 《파이낸셜타임스》, 2014년 4월 13일.http://www.ft.com/intl/cms/s/0/26f7a326-c0d6-11e3-bd6b-00144feabdc0.html#axzz30G1bSfk9

제임스 오코너, 《국가의 재정위기》, 세인트마틴스프레스, 1979.

클라우스 오페, 〈위기관리의 위기—정치적 위기론의 요소들〉, 《국제정치학저널》, 1976, 제6권, 29쪽~67쪽.

클라우스 오페, 〈'유럽사회'는 존재하는가, 아니 존재할 수 있는가?〉, 《시민사회—베를린의 관점들》베르한북스, 2006, 169쪽~188쪽.

클라우스 오페, 〈사회적 책임 나누기—정치적 의미와 약속 찾기의 개념〉, 《사회적 책임 나누기—실천에 이론 첨가하기》, 유럽출판위원회, 2013, 29쪽~47쪽.

쿠엔틴 필, 〈독일—외로운 길〉, 《파이낸션타임스》, 2012년 6월 6일. http://www.ft.com/intl/cms/s/533541e8-afce-11e1-a025-00144feabdc0.html

한스-볼프강 플라처, 〈물릴 것인가 아니면 유럽연합을 확장할 것인가〉, 《프리드리히 에베르트 재단》, 2014년 2월. http://library.fes.de/pdf-files/id/ipa/10527.pdf

칼 폴라니,《거대한 전환—우리시대의 정치적, 경제적 기원》, 비컨프레스, 2001 [1944].

리처드 A. 포스너, 《자본민주주의 위기》, 하버드대학 출판부, 2010.

기드온 래치먼, 〈법정, 유권자, 또다른 유로 위기의 위협〉, 《파이낸셜타임스》, 2014년 2월 10일. http://www.ft.com/intl/cms/s/0/ad524ca8-9031-11e3-a776-00144feab7de.html

카르멘 M. 레인하트와 케네스 로고프, 2009. 《이번은 다르다—8세기 동안의 금융 실수》 프린스턴대학 출판부, 2009.

다니 로드리크, 《세계화의 역설—민주주의와 세계경제의 미래》, W.W.노턴&컴퍼니, 2011.

다니 로드리크, 〈유럽의 퇴장길〉, 프로젝트 신디케이트, 2013년 6월 12일. http://www.project-syndicate.org/commentary/saving-the-long-run-in-the-eurozone-by-dani-rodrik

프리츠 W. 샤르프, 〈통화동맹, 재정위기, 민주주의 선매〉, 막스플랑크사회연구소, 2011.

프리츠 W. 샤르프, 〈비해체의 비용—유럽통화동맹의 경우〉, 《유럽 해체의 개념화-유럽통합 과정의 견인차와 반대 세력들》, 노모스, 2014, 165쪽~84쪽

볼프 셰퍼, 〈왜곡된 내부 환율로 고통 받는 유로존〉, 《프랑크푸르터 알게마이네 차이퉁》, 2013년 8월 27일. http://www.faz.net/aktuell/wirtschaft/gastbeitrag-die-eurozone-leidet-unter-intern-verzerrtenwechselkursen-11868775.html

필리페 C. 슈미터, 《유럽연합을 왜, 어떻게 민주화할 것인가?》, 로완&리틀필드, 2000.

그레고어 페터 슈미츠와 조지 소로스, 《유럽을 건 도박—독일은 왜 스스로를 구하기 위해 유로를 살려야 하나》, 도이체 페를락스 안슈탈트, 2014.

스피넬리 그룹, 《유럽연합의 근본 법칙》, 베르텔스만, 2013.

가이 스탠딩, 2011. 《프레카리아트—새로운 위기 계급》, 블룸즈버리 아카데미, 2011.

볼프강 스트레크, 《자본주의 재구성—독일 정치경제의 제도적 변화》, 옥스퍼드 대학 출판부, 2009.

볼프강 스트레크, 〈그리스 국민의 국채상환을 위한 도덕적 의무 구축〉, 《사회경제학평론》, 2013년 11월호, 614쪽~620쪽.

볼프강 스트레크, 《시간 벌기—지연된 민주자본주주의 위기》, 벌소우북스, 2014.

존 B. 톰슨, 〈위기의 변태〉, 《후유증—경제위기의 문화》, 옥스퍼드대학 출판부, 2012, 59쪽~81쪽

루카스 추칼리스, 《연합의 불행한 국가》, 폴리시네트워크, 2014.

필리퍼 판파레이스, 〈유로 배당금〉, 《사회적유럽저널》, 2013년 7월 3일. http://www.social-europe.eu/2013/07/the-euro-dividend/

조너선 화이트, 〈유럽 응급실〉, 《정치학연구》, 2013년 9월 13일.

짐 야들리, 〈오후10시 저녁식사의 나라 에스파냐가 시계를 맞출 시간이냐고 묻다〉, 《뉴욕타임스》, 2014년 2월 17일. http://www.nytimes.com/2014/02/18/world/europe/spain-landof-10-pm-dinners-ponders-a-more-standard-time.html

미헬 취른과 피터 데 빌데, 〈유럽통합의 정치화는 되돌릴 수 있는가?〉, 《공통시장연구저널》, 2012, 제50권, 137쪽~153쪽.